ISABELLE LOUET



# FAIRE DES ÉCONOMIES AU QUOTIDIEN

## Bienfaits, recettes et astuces

massin

# SOMMAIRE

# AVERTISSEMENT

Si Internet, les applications pour Smartphone, les sites et certains influenceurs sont des sources inestimables pour fournir des bons plans, le monde virtuel, et encore plus celui des bons plans, sont éphémères. Les start-up qui créent des applications, par exemple, peuvent disparaître très rapidement de la scène quand d'autres viennent les remplacer tout aussi vite.

Aussi, dans ce guide, nous allons évidemment vous conseiller des adresses, des sites, des applications, mais nous souhaitons surtout vous donner des pistes, des idées, des astuces pour savoir où et comment trouver ces bons plans qui vous aideront à faire des économies au quotidien sans vous serrer la ceinture...

De même, nous ne citerons pas les incontournables conseils d'usage et d'utilisation en principe connus de tous, du type : éteindre la lumière quand on quitte une pièce ou ne pas ranger des aliments chauds dans un réfrigérateur, profiter des bons d'achats, etc. On trouve ces conseils partout et vous n'avez pas besoin de ce guide pour les connaître. Nous avons essayé de vous proposer des idées et des astuces moins connues ou auxquelles on pense peu. Enfin, la liste des astuces proposées est loin d'être exhaustive.

Sauf indication contraire, les statistiques proviennent des sites de l'Ademe et du Gifam. Par ailleurs, les tarifs sont donnés à titre indicatif.

**Mise en garde** : Nous déclinons toute responsabilité quant aux usages des astuces contenues dans ce livre.

# INTRODUCTION

Économiser au quotidien, tout un programme ! Rien que d'y penser, on grimace. Et pour cause, c'est énervant de toujours se serrer la ceinture, de toujours compter, de toujours regarder de près avant de se faire plaisir, alors acheter et lire un livre sur le sujet, quelle angoisse !

D'accord, mais si ces économies au quotidien devenaient sources de plaisir ? Si elles devenaient justement l'occasion de se gâter ? Facilement. Simplement.

Car économiser ne veut pas seulement dire « se serrer la ceinture », on peut même dépenser sans débourser un euro… Il suffit pour cela d'apprendre à devenir le Mac Gyver de la débrouille, le couteau suisse des bons plans, gratuits ou presque, le dénicheur de bonnes affaires et le pro de l'anti-gaspi.

Vous allez voir, on se prend rapidement au jeu. Pour vous aider à démarrer votre propre chasse, nous vous donnons quelques clefs.

Faire des économies au quotidien, cela veut dire apprendre les bons gestes, ceux qui permettront de réduire sa note de chauffage ou d'électricité, mais cela veut dire aussi trouver les bons plans, ceux qui permettent de payer moins, de profiter d'occasions en or, comme s'offrir le petit-déjeuner d'un palace à petit prix et chez soi ou obtenir 30 % de réduction sur un séjour aux Baléares.
Avec Internet, les propositions de bons plans, les publicités alléchantes sont légion et il est parfois difficile de faire la différence entre un bon plan et une arnaque. Alors, pour réussir ses économies au quotidien, on n'est pas dupe et on respecte quelques règles de bon sens.

# 1

# LES 10 COMMANDEMENTS DU CHASSEUR DE BONS PLANS

## 1 Des propositions miraculeuses, je me méfierai

On fuit les annonces impossibles, les enchères à la baisse et tout autre miroir aux alouettes. Même le meilleur des bons plans ne proposera jamais un Smartphone haut de gamme à 10 € ou des bottes de grand couturier à 50 €. On reste réaliste.

## 2 Les petites lignes, je lirai

Pour éviter que le bon plan économie ne vire à la dépense excessive, on lit scrupuleusement les petites lignes des CGV (Conditions Générales de Vente) pour vérifier qu'accéder à la promotion ou au bon de réduction n'entraîne pas une inscription, un abonnement ou d'autres obligations envers le site ou la société concerné(e).

## 3 De vigilance, je ferai preuve

Sur le Net, si les bonnes affaires fleurissent sur toutes les pages, les arnaques sont tout aussi nombreuses. Alors, on respecte la règle de base: on ne paye jamais pour obtenir une information, une idée ou un code. On peut éventuellement donner ses numéros de carte bancaire pour des offres de 3 mois, et encore, pas dans n'importe quelles conditions.

## 4 Le cookie, je chasserai

Les cookies, ce sont des petits fichiers-qui s'installent insidieusement dans votre système informatique pour permettre aux sites de tout savoir sur vos habitudes de surf. Légalement, lors de la première connexion, les sites doivent obtenir votre consentement pour les utiliser. À défaut de les éviter, on les efface en vidant régulièrement les « caches » et le dossier « cookies » dans le dossier « préférences ». On en profite pour ajuster ses réglages et en limiter les usages dans le dossier « confidentialité » de son navigateur.

## 5 Une adresse mail dédiée, je me créerai

Inutile d'être crédule: tout bon plan a un revers. Si les marques utilisent ces procédés pour fidéliser leurs clients, les sites ou autres intermédiaires cherchent avant tout à constituer des banques de données qu'ils pourront louer ou revendre à d'autres interlocuteurs. Pour éviter d'être spammé et voir sa boîte mail inondée de propositions en tout genre, on se crée une boîte mail exclusivement dédiée aux bons plans.

## 6 Un numéro de téléphone, je louerai

Pour participer à leurs opérations commerciales, bon nombre de sites imposent la communication d'un numéro de téléphone. Alors, évidemment, on peut toujours en inventer un, mais si la réponse ou le coupon de réduction doit vous parvenir par SMS, ce n'est pas très pratique.

Qu'à cela ne tienne, si le jeu en vaut la chandelle (faites vos calculs), on en loue un (1 à 12 € les 3 mois). Pas besoin de changer de téléphone ou de cartes SIM, tout passe par une appli.

- www.loueunnumero.com
- www.lignebis.fr, www.onoffapp.com

## 7 Au démarchage téléphonique, je mettrai un terme

Évidemment, c'est couru d'avance, si on répond une fois à un sondage ou si on participe à un concours, on se retrouve rapidement poursuivi par des démarcheurs par téléphone. Pour les éviter, on s'inscrit gratuitement sur Bloctel, la liste d'opposition au démarchage téléphonique (www.bloctel.gouv.fr), créée en 2014, ou on filtre les numéros avec des appli comme « Stop Appel », « CallBlocker ».

## 8 Les SMS commerciaux, je fuirai

Là encore, cela fait partie du jeu. En échange de leurs « cadeaux », les marques ont tendance à relancer le client par des SMS publicitaires. Désagréable. Tous ces SMS doivent comporter une phrase, un mot (STOP au xxx) et un numéro pour se désinscrire. À défaut, on les transfère au 33700 et si toutes les tentatives restent vaines, on saisit la DGCCRF, www.economie.gouv.fr/dgccrf

## 9 Les numéros surtaxés, je décèlerai

Si le bon plan implique de rappeler un numéro de téléphone (ou un SMS) surtaxé, on l'oublie. D'ailleurs, depuis le 1er mars 2018, la loi impose aux opérateurs téléphoniques de proposer une option gratuite pour bloquer les appels et SMS vers de tels numéros. Pour les reconnaître, il suffit de regarder les premiers chiffres.

- Ceux commençant par 089 sont des numéros spéciaux vocaux dont la tarification est majorée (prix d'un appel vers un numéro fixe + prix du service pouvant atteindre 0,80 € la minute ou 3 € l'appel).
- Ceux à 4 chiffres de type 3XXX sont des numéros dont la tarification est majorée (prix d'un appel vers un numéro fixe + prix du service pouvant atteindre 0,80 € la minute ou 3 € l'appel). Ils sont fréquemment utilisés par les médias pour participer à leurs concours.

Seules exceptions, les numéros en 30XX et 31XX qui sont réellement gratuits.

## 10 Pour mieux économiser, à bon escient, j'investirai quelques euros

Pour réussir à économiser, il faut parfois dépenser quelques euros au départ. Raisonnablement, cela va de soi. Par exemple, certaines ventes privées sont accessibles aux seuls titulaires de cartes d'abonnés (coût moyen : 30 € l'année). Pour obtenir des réductions jusqu'à 70 %, cela peut valoir le coût si on est un inconditionnel « shoppeur ».

Profiter des bons plans pour réduire les charges de la maison, d'accord, mais profiter des bons plans pour prendre soin de soi, pour se dorloter ou se faire plaisir, c'est encore mieux. On apprécie d'autant plus qu'on n'empiète pas sur le budget mensuel. Que du bonheur !

# 2

# LES BONS PLANS POUR S'OCCUPER DE SOI ET DE SA FAMILLE

# LE SPORT D'ABORD

**Séances de gym, de Pilates, de yoga, etc., les instituts et clubs de sports proposent quasiment tous des séances d'essai, voire parfois une semaine, pour s'essayer à leurs disciplines ou découvrir leurs infrastructures, sans aucune obligation d'adhésion.**

Pour les découvrir, soit on pose la question aux hôtesses d'accueil, soit on regarde sur les sites proches de chez soi.
Pour profiter des « prix cassés » sur les séances des clubs de sports les plus connus (CMG, Neoness, energieforme, etc.), il suffit de se connecter sur www.gymlib.com. Plus de 10 clubs proposent des réductions de 10 à 40 % sur l'ensemble de leurs 2000 salles présentes à travers la France.
De même, de nombreuses villes proposent des cours de gym et de danse, gratuitement ou à petits prix (généralement, le tarif est fixé selon les conditions de ressources). À Paris, par exemple, dans différents parcs publics, du jogging à la marche nordique en passant par le renforcement musculaire et les étirements, la ville organise tous les dimanches des activités sportives gratuites, encadrées par des animateurs spécialisés (www.paris.fr/sport).
Très tendance, été comme hiver, en salle ou en plein air dans un parc, à travers toute la France, on peut suivre gratuitement des cours de gym suédoise: www.swedishfit.fr
Même Gosport se lance dans le coaching sportif et dans le running hebdomadaire. https://www.go-sport.com/coaching/

Et si, vraiment, vous n'avez pas envie de mettre le nez dehors, vous trouverez sur YouTube des centaines de vidéos de coachs qui vous expliquent comment faire les bons mouvements. Sans oublier les applis de Smartphone qui donnent les programmes, enregistrent les résultats, jugent la progression.
Si les étirements ne vous tentent guère, mettez-vous au tennis! Entre les cours d'initiation et les cours mis à disposition par de nombreuses municipalités, vous n'aurez plus aucune excuse. Quant au matériel, soit il est

prêté, soit il suffit de profiter des jours du Trocathlon (https://occasions.decathlon.fr/) pour l'acquérir d'occasion à prix réduit.

### *Pour ou contre le sport le soir ?*

*Le sport est idéal pour se détendre après une longue journée. Véritable sas de décompression, ce moment à soi permet de faire une transition entre le bureau et la maison. En plus, à partir de 17 h, la température corporelle augmente tout doucement, et il est prouvé que plus elle est élevée, plus les performances physiques sont optimales. Mais, cet effet apaisant ne fonctionne pas sur tout le monde. Chez certains, pratiquer une activité sportive en fin de journée peut s'avérer beaucoup trop dynamisant et nuire à l'endormissement, car, dès 19 h, l'organisme se prépare au coucher et si on le secoue, on modifie les rythmes biologiques. Résultat, on fait des insomnies. La solution ? Attendre 2 heures après la fin de l'entraînement avant d'aller se coucher et éviter les sports qui demandent des efforts intenses et rapides comme la musculation. Si on ressent un besoin absolu de se défouler, on privilégie l'endurance (course à pied, biking, elliptique), sinon on pratique des gymnastiques douces telles que le yoga, le stretching ou le Pilates qui favorisent la détente et donc le sommeil.*

## SOS SANTÉ

**Massage, séance d'ostéopathie, pédicure, consultations diététiques et même dentiste, les écoles professionnelles et universités sont toujours à la recherche de « patients » pour permettre à leurs étudiants de 4e et 5e année de perfectionner leurs acquis.**

C'est du sérieux et les séances se déroulent toujours sous la houlette d'un professeur. Autre avantage : le suivi des soins est assuré. Un implant peut coûter jusqu'à 60 % moins cher. En général, dans tous les secteurs, les tarifs d'une consultation varient de 0 à 30 €. Certaines écoles proposent même des abonnements annuels qui ouvrent le droit à un nombre illimité de séances. Seul bémol, le temps d'attente pour obtenir un rendez-vous : il peut être assez long. Pour les trouver, on se renseigne auprès des universités ou des écoles près de chez soi.

## Un oculiste presque à l'œil

Besoin de lunettes ? Là encore, on peut obtenir des verres progressifs jusqu'à 50 % moins cher en se rendant dans un « magasin d'optique d'application ». Dans le cadre de leur formation, les élèves des BTS optique-lunetterie assurent, sous le contrôle et la responsabilité de leurs professeurs, les examens de vue et réalisent les montures (plus de 450 modèles au choix). Ils vous reçoivent sur RDV, hors vacances scolaires, à l'école dans un magasin qui ressemble à ceux des centres-villes. Comme chez l'opticien, ils vous délivrent une feuille maladie pour la Sécu. Seule contrainte : payer comptant et attendre 10 jours pour obtenir ses lunettes, mais ces opticiens sont très attentionnés.

• www.lyc-vinci-levallois.ac-versailles.fr, https://lyc-fresnel.scola.ac-paris.fr/

Les sites d'optique en ligne pratiquent aussi des tarifs jusqu'à 40 % moins cher qu'en boutiques. Toutefois, avant de se lancer, mieux vaut respecter quelques règles. On choisit un magasin agréé par la CPAM et sa mutuelle pour éviter de faire l'avance des frais ou pour être assuré d'être pris en charge, on vérifie les frais d'envoi et de retour. Généralement, ils sont gratuits. On opte pour des montures et des verres certifiés CE, c'est un gage de garantie. Enfin, on lit les conditions générales de vente pour connaître les modalités de reprise si on n'est pas satisfait du résultat et surtout pour vérifier si le site possède un numéro FINESS, car seuls les vrais opticiens peuvent en obtenir un.

## Se faire bichonner

Extension de cheveux, de cils, manucure, pédicure, pose de vernis, soins du visage, là encore les écoles et les centres de formation de coiffures, de manucure et d'esthétique recherchent en permanence des modèles pour entraîner leurs élèves. Les risques de se retrouver avec des cheveux rouges ou des ongles abîmés sont faibles car seuls les élèves aguerris interviennent et, là encore, ils travaillent sous l'œil de leurs professeurs. Pour couvrir les frais (produits, etc.), une participation symbolique est généralement demandée. Pour exemple, une coupe de cheveux vous coûtera généralement 10 €, une manucure 2 €, un nettoyage de peau environ 15 €. Tout se passe sur RDV à prendre sur les sites des centres.

• www.eicy-coiffure.fr (Paris),
• www.lpp-saintaugustin.fr (Bordeaux),
• www.ema-ecole.com (Belfort, Dijon).

# C'EST L'HEURE DES LOISIRS

**Économiser d'accord, mais à condition d'en profiter aussi pour se faire plaisir. Et cela tombe bien, car pour se faire plaisir et pour s'offrir des sorties, seul ou en famille, les bons plans sont nombreux.**

## Pour le plaisir de lire

Évidemment, les bibliothèques, les médiathèques et les ludothèques municipales restent les meilleurs endroits pour lire à moindre prix les derniers best-sellers du moment, trouver le documentaire sur le pays de ses rêves, etc. Ces organismes restent imbattables dans les plans pour mettre la culture à portée de main de tout un chacun.

Vous aimez garder les livres pour les prêter, pour les relire, pour les exposer dans votre bibliothèque, baladez-vous dans les vide-greniers, on y déniche souvent des trésors. Des exemplaires neufs, jamais ouverts bradés par leurs propriétaires. Si vous n'êtes pas du genre à prendre soin d'un livre, regardez du côté des livres d'occasion. Spécialisé dans le livre de poche d'occasion, www.livrenpoche.com propose plus de 200 000 titres à 1 € et pas seulement les grands classiques. De même, régulièrement, des bénévoles de l'association Circul'livres installent leurs tréteaux surchargés de livres d'occasion dans les villes. Romans, policiers, livres d'histoire, biographies, les passants sont invités à feuilleter et surtout à en emporter un. Seule condition : le livre une fois terminé, ils doivent le rapporter, le donner à quelqu'un ou l'abandonner dans un lieu public pour qu'il soit adopté par un autre lecteur. Un concept collaboratif qui nous plaît bien. Et quoi de plus agréable que de partager une lecture que l'on a appréciée.
http://circul-livre.blogspirit.com

Vous êtes un adepte des nouveaux supports ? Alors, donnez-vous en à cœur joie. Les livres électroniques sont de 15 à 40 % moins cher que les livres papier. Vous n'avez guère envie d'investir ? Téléchargez gratuitement des livres sur vos liseuses ou tablettes. Certains sites référencent jusqu'à 6 000 titres. Toutefois, à défaut d'en détenir les droits, aucun site légal ne vous proposera gratuitement le dernier Goncourt ou autre best-seller du moment. On y trouve essentiellement, sous forme de textes ou de documents audio, des auteurs dont les œuvres sont tombées dans le domaine public. Des Montaigne, des Maupassant, des Jules Verne (c'est le moment de découvrir les grandes signatures de la littérature française) mais aussi de jeunes auteurs, des documents, des biographies, etc.

- www.livrespourtous.com, www.pitbook.com, http://ebooksgo.org (en anglais)

### Toute la musique que j'aime

Spotify, Deezer, Google Play Music, Soundcloud, Bandcamp, qobuz.com... véritables bibliothèques musicales, ces sites proposent gratuitement des milliers de morceaux en écoute illimitée. À une condition tout de même : accepter de courtes pauses publicitaires entre les morceaux. Pas à chaque fois, toutes les 5 ou 10 minutes, selon. Ce n'est franchement pas gênant mais si vous préférez supprimer ces pauses pub, il vous faudra souscrire un abonnement mensuel (5 à 10 €).

### Au théâtre ou au ciné, ce soir

Avant-premières, invitations, sur Internet : les possibilités de se rendre au théâtre ou au cinéma sont légion.

Côté cinéma, on profite des festivals pour obtenir des entrées gratuites ou à petits prix. Les plus connus sont la Fête du cinéma et le Printemps du cinéma.

Pendant 3 ou 4 jours, on peut assister à tous les films de son choix pour moins de 5 € : www.feteducinema.com. Pour découvrir d'autres festivals, on surfe régulièrement sur le site de la Fédération Nationale des Cinémas Français : www.fncf.org

On n'oublie pas la semaine du magazine *Télérama*. Chaque année, en janvier, le magazine propose à ses lecteurs de voir ou revoir les meilleurs films de l'année précédente, sélectionnés par ses journalistes. Pour obtenir une entrée à 3,50 €, il suffit de présenter aux salles participantes à l'opération le Pass (valable pour deux personnes) inclus dans le magazine : www.telerama.fr

Pour les autres périodes de l'année, on surfe sur les sites des distributeurs (Gaumont-Pathé, UGC) mais aussi de certaines banques qui proposent souvent des places pour des avant-premières. On les obtient soit en répondant à un mini-concours, soit par tirage au sort.

Si on n'est pas dispo le mardi, on pense aux ventes flash des Gaumont-Pathé. Ce jour-là, les places pour les films destinés à disparaître le lendemain (le mercredi) sont bradées à 4,50 €. Seule condition : réserver en ligne. À défaut d'être libre le mardi, on pense aux séances du matin, elles sont généralement moins chères de 20 à 40 %.

On ne néglige pas non plus les sites de ventes privées ou d'achats groupés. Régulièrement, on y trouve des tickets de cinéma proposés jusqu'à 70 % du prix du billet au tarif normal.

Côté théâtre, de nombreux sites, comme Billet réduc ou Close Event, par exemple, proposent des invitations pour des pièces de théâtre. Le plus souvent, il s'agit de pièces jouées par des comédiens peu ou pas connus et qui, pourtant, valent le déplacement. C'est un excellent moyen pour découvrir les talents de demain. Weclap propose, lui, soit des invitations, soit des places à tout petit prix (3,50 à 7 €) la place.

• www.billetreduc.com, www.closevent.com, https://weclap.fr

Dans la même veine, les théâtres parisiens associés ont créé l'opération « Premiers aux premières ». En achetant des places en ligne, on bénéficie de 50 % de réduction sur le prix des places, valable uniquement lors des premières représentations d'un spectacle. Selon les théâtres et les spectacles, la durée de l'opération varie d'une à deux semaines. www.theatresparisiensassocies.com

Et puis, il ne faut pas oublier, pour tous ceux qui veulent découvrir les spectacles parisiens, le Kiosque Théâtre qui propose des places pour le soir même sur quasiment tous les spectacles en cours, y compris les plus demandés, à 50 % du prix initial. Seul bémol, pour obtenir ces places, il faut faire la queue entre 12 h 30 et 20 h à l'un des trois points de vente installés dans Paris (esplanade de la gare Montparnasse, place de la Madeleine et place des Ternes).

### Et les concerts ?

Les concerts dans les églises sont fréquents et souvent gratuits. Sinon, à l'occasion de la semaine de l'orchestre en fête qui se déroule généralement fin novembre de chaque année, on peut assister à une répétition générale d'un orchestre de chambre ou symphonique, découvrir les coulisses de l'orchestre national de sa ville ou encore participer à des ateliers créatifs. www.france-orchestres.com

### Un dimanche au musée

Arc de triomphe, Panthéon, musée d'Art moderne, Maison de Victor Hugo, Petit Palais, une fois par mois (le plus souvent le premier dimanche du mois), de nombreux lieux publics et musées ouvrent leurs portes gratuitement; d'autres, comme à Bordeaux, laissent l'accès libre aux collections permanentes toute l'année.

Et si on a envie de s'offrir une visite guidée, on télécharge le guide du musée où on va se rendre. Sur www.audiovisit.com, des centaines d'audioguides sont téléchargeables gratuitement.

## RETOURNER SUR LES BANCS DE L'ÉCOLE

**Envie de comprendre la physique quantique, la civilisation pharaonique ou l'histoire moderne et contemporaine ou politique? Curieux de découvrir les ballets d'Inde ou d'écouter une conférence sur le bonheur?**

Le Collège de France, l'Unesco, l'ENS (École Normale Supérieure) mais aussi de nombreuses institutions et facultés en province organisent régulièrement des conférences, des spectacles ou des débats ouverts au public ou téléchargeables en Podcast: www.ens.fr, www.unesco.fr, www.college-de-france.de, http://savoirsenmultimedia.ens.fr/

Si on préfère suivre une formation de Sciences Po, de Centrale, en droit, en sciences, sans bouger de chez soi, là encore, c'est possible. Il suffit de se connecter sur le portail FUN (France Université Numérique). Ouverts à tous, ces cours ne donnent cependant pas lieu à la délivrance d'un diplôme: www.fun-mooc.fr/fr

Sans oublier les MOOC (Massive Open Online Course), ces formations courtes en ligne ouvertes et accessibles gratuitement à tout le monde. www.sup-numerique.gouv.fr, www.my-mooc.com/fr, www.fun-mooc.fr

### Et si on cuisinait?

Apprendre à devenir un Top chef, c'est à portée de cuillère avec la multiplication des cours gratuits.

À Paris, entre mars et novembre, la Mairie avec la Fédération française de cuisine amateur organise sur les marchés des cours pour

valoriser les produits frais. C'est gratuit et cela dure une heure : www.ffcuisineamateur.org. Dans les foires et les salons, on peut également participer à des ateliers avec des chefs cuisiniers.

On surfe sur les sites des offices de tourisme et des mairies pour découvrir tous les ateliers gratuits proposés dans sa région.

On regarde aussi du côté de ses marques d'ustensiles préférées. Certaines, pour faire connaître leurs produits, proposent des ateliers culinaires à domicile. Sur rendez-vous, pendant 1 h 30, un coach culinaire débarque avec tout le matériel (sauf les aliments) pour vous aider à préparer un menu de chef étoilé. La seule condition est souvent de réunir quelques amis.

## Si j'avais un marteau

Changer un joint, monter une cloison, poser un parquet flottant ou même du carrelage, plus besoin d'appeler SOS dépannage, désormais, on apprend à le faire soi-même. C'est facile, il suffit de suivre quelques cours pour acquérir les bons gestes.

Les grandes marques comme Castorama ou Leroy Merlin proposent des ateliers dans leurs magasins. Chaque semaine, les thématiques changent. On peut apprendre à poser des carreaux et du parquet, à peindre, etc., le tout sous l'œil vigilant d'un spécialiste évidemment.

Ces cours durent entre 1 h et 3 h. Selon les enseignes, le cours est soit gratuit, soit coûte quelques euros pour le matériel fourni.

- www.castorama.fr, www.leroymerlin.fr

On joue aussi la carte des échanges de compétences. À l'heure de l'économie collaborative, cela fonctionne très bien. Aujourd'hui, on ne frappe plus chez le voisin pour lui emprunter sa perceuse et lui demander un coup de main pour fixer une étagère, on lance un appel sur Internet. Les sites Yakasaider.fr, Nousensemble se sont inspirés du premier réseau Système d'échange local, le SEL, créé en 1994.

Ici, tout est basé sur l'échange des compétences. Pendant que Louis donne des cours de maths, Julie garde le bébé du 5e et Arthur installe les étagères de Marie. On s'entraide mais, comme tout travail mérite salaire, on se règle par des systèmes monétaires virtuels. En fait, on se crédite des points, des heures que l'on utilise en fonction des besoins.

Il existe aussi des applis comme Yootty, allovoisins, qui remplacent les petites annonces collées sur les caisses enregistreuses du quartier. On y joue la carte de la proximité, du collaboratif mais, ici, tous les coups de main et même les prêts d'objets ont un prix...

Si on veut une formation plus poussée pour devenir un roi du bricolage, on peut aussi jouer avec ses heures du Droit Individuel à la Formation (DIF) pour les faire prendre en charge.

## Et si on dînait dehors ?

Offrez-vous le plaisir d'une grande table. Chaque année, pendant 15 jours, de mi-septembre à début octobre, se déroule l'opération « Tous au restaurant ». Le principe ? Plus de 1400 chefs à travers la France se mettent aux fourneaux pour vous concocter le meilleur de la gastronomie française. Ils composent un menu spécial, et pour un menu acheté, celui de l'accompagnant est gratuit et identique. Restaurants étoilés, bistrots contemporains, cuisine du terroir, jeunes chefs, il y en a pour tous les goûts. Seule condition : s'inscrire en ligne.

- www.tousaurestaurant.com.

Le reste de l'année, vous pouvez goûter aux plaisirs d'un repas gastronomique en déjeunant dans un restaurant d'application d'une école hôtelière. Le temps d'un déjeuner, d'un dîner, voire d'un buffet, apprentis cuisiniers et serveurs se plient en 4 pour vous satisfaire. C'est bon, gratuit ou peu cher. S'il faut le plus souvent réserver et parfois dîner tôt (17 à 20 h), en contrepartie on se régale avec des plats de rois car les élèves n'apprennent pas à préparer des steaks frites !

Étonnant, mais il existe aussi des restaurants où l'on peut manger quasiment gratuitement. Comme au *Tribal café* (10e) ou au *Grenier* (11e) à Paris. Le principe : vous payez les boissons (dès 3 €) et, deux à quatre soirs par semaine, les patrons vous offrent le couscous dans une ambiance conviviale, voire aux sons d'un concert de jazz. De la même manière, *À L'Olive* (18e), pendant l'happy hour, une assiette de frites est glissée généreusement pour toute pinte de bière consommée. Au *Penty* (12e), un kémia (amuse-bouches variés) accompagne chaque commande de boisson, sauf café et thé à la menthe. Le *Culture Rapide* (20e) présente un buffet apéritif gratis tous les vendredis soir. Au *Lockwood* (2e), les *aperitivo* sont gratuits à partir de 18 h. Pour les découvrir, renseignez-vous dans les

offices de tourisme, regardez les journaux étudiants, etc.
Sinon, pour trouver les bons plans, www.thefork.fr est le plus connu. Les restaurants adhérents proposent des remises (de 10 à 50 % sur les menus), offrent des apéritifs, des desserts, etc.

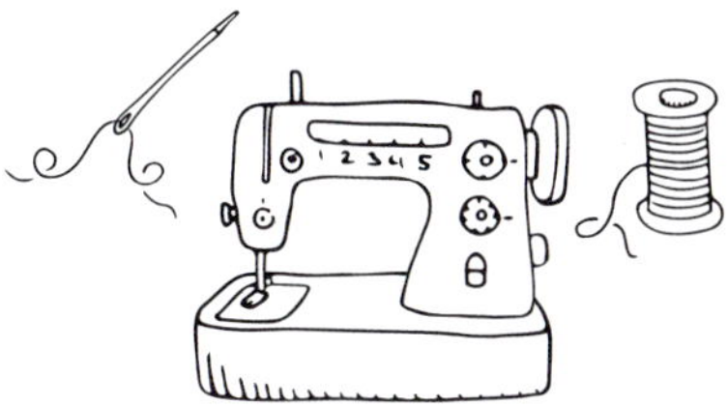

### Tendance DIY (Do It Yourself)

La tendance est au « faire soi-même » et cela tombe bien car YouTube est une véritable encyclopédie. On y trouve des tutos sur tout. Que vous décidiez d'apprendre à coudre, à peindre, à poser des carreaux, à changer vos joints de salle de bains, etc., vous y trouverez toujours un maître en la matière (réel spécialiste ou amateur éclairé) pour vous donner des astuces, des conseils, mais surtout de superbes pas à pas, visuels et simples. Bon, il vous faudra faire un tri pour trouver les meilleurs.
Si cela ne vous suffit pas et que vous préférez rencontrer des gens et vous faire expliquer les trucs de visu, rendez-vous dans les salons spécialisés et surfez sur les forums liés à vos activités. Vous y découvrirez les bons plans pour se former gratuitement ou moyennant une faible participation. Aucune grand-mère disponible pour vous apprendre à tricoter ? Le collectif France tricot organise des apéros-tricot (www.c-f-t.net).

## SERVICE JURIDIQUE BONJOUR

**Besoin d'un conseil juridique, d'un avis pour annuler une commande ou contester une livraison ? C'est facile de faire quelques économies.**

Avant toute autre démarche, l'idéal est de contacter le 3939 (coût de l'appel selon l'opérateur). Ce service public de renseignement administratif donne des informations sur les droits, les obligations et les démarches à accomplir dans certains domaines du

droit du travail dans le secteur privé, du logement et de l'urbanisme, de la consommation, la concurrence ou la sécurité des produits, des procédures en justice, civile ou pénale, du droit de la famille, des personnes ou des successions, du droit des étrangers, des associations ou de l'état civil. C'est la version orale du site « www.service-public.fr ». Si le standard est parfois difficile à joindre, le jeu en vaut la chandelle car les démarches sont pertinentes.
On peut aussi consulter les fiches pratiques du site de la Direction générale de la concurrence, de la consommation et de la répression des fraudes: www.economie.gouv.fr/dgccrf. On trouve des réponses à quasiment toutes les questions que l'on pose avec des explications claires.
Besoin d'analyser le dossier un peu plus en profondeur? Toute l'année, les avocats organisent des permanences juridiques dans différentes villes de France (http://service-public.fr).
De même, pour ne plus perdre de temps à chercher des informations sur votre prochaine déclaration d'impôts, chaque année, au printemps, des experts-comptables organisent des consultations gratuites pour vous aider: www.experts-comptables.fr.

## ORGANISER SES VACANCES

**Vous avez très envie de partir à l'étranger, mais les billets d'avion vous arrêtent. Erreur, prenez le temps de noter les dépenses envisagées, de parcourir les destinations, une bonne préparation réserve souvent de bonnes surprises.**

Oubliez les destinations tendance. Plus la demande est forte, plus les prix explosent et grimpent en flèche. Ainsi, un Paris-Athènes peut vous revenir à plus de 700 € l'aller-retour alors qu'en période creuse, vous pourrez vous y rendre pour moins de 300 €.
Vous êtes ouvert à toutes les propositions? Amusez-vous avec les comparateurs (ww.skyscanner.fr, www.kayak.fr) pour voir jusqu'où vous pouvez aller. Vous serez surpris. Ne vous arrêtez pas au prix du billet d'avion. Prenez en compte les frais sur place. Un billet pour la Thaïlande coûte plus cher qu'un billet pour Milan, mais, la vie sur place, que ce soit l'alimentation, les transports ou l'hôtellerie, y est jusqu'à 5 fois moins cher. Calculez!
Pour économiser sur les billets d'avion, il faut apprendre à jongler avec les dates de réservation. Parfois, partir un jour avant ou au contraire un jour après peut générer des

économies étonnantes. On peut gagner jusqu'à 100 € sur un Paris-New York. Décoller en semaine, en particulier les mardis et mercredis, choisir les départs en heures creuses, opter pour un vol avec correspondance vous permettront aussi d'économiser quelques dizaines d'euros. Pour un week-end dans une capitale européenne, le mieux est de partir du vendredi au lundi ou du samedi au mardi.

Méfiez-vous des prix d'appel ! De nombreuses compagnies, et en particulier les low-cost, affichent des tarifs très attractifs, mais le plus souvent entre le prix des bagages à ajouter, les boissons qui sont payantes, etc., la facture s'alourdit. Prenez le temps de vérifier les tarifs des compagnies régulières.

Pour acheter un billet au meilleur prix, il faut souvent s'y prendre tôt et profiter des périodes creuses. Réserver en septembre des billets pour Pâques, c'est l'assurance d'obtenir d'excellents tarifs. Les billets sont aussi moins chers pendant les périodes creuses de février et mars.

Attention à l'achat dernière minute qui a de moins en moins la cote auprès des compagnies aériennes. Soucieuses de remplir leurs vols, elles privilégient les achats « première minute ».

Les compagnies organisent toutes des ventes flash, des semaines de promo. Guettez-les. Inscrivez-vous sur les newsletters pour en être averti. Pour l'Asie ou les Caraïbes, il est préférable de prendre son billet d'avion 4 mois à l'avance. Certaines compagnies proposent aussi des paiements en trois fois sans frais.

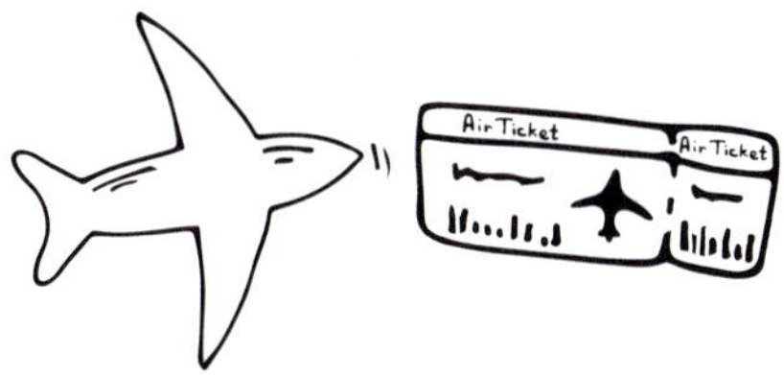


Avant de régler votre billet d'avion, regardez les frais qui s'additionnent : droit de dossier, participation, frais de service, frais de cartes bancaires. Ils peuvent rapidement alourdir la facture. Là encore, prenez le temps de lire les petites lignes des contrats. Ainsi, sur certains sites, si vous achetez vos billets entre 18 h et 20 h, les frais seront beaucoup plus élevés que si vous les prenez à minuit ! Faites votre recherche en navigation privée pour éviter que les sites reconnaissent votre adresse IP et augmentent les prix à la deuxième visite.

Pour économiser encore quelques euros, vérifiez les clauses des assurances avant d'en souscrire une. Les retards et annulations pris en charge sont souvent sujets à des conditions très strictes mais, en plus, elles font souvent doublon avec celles proposées par les cartes de paiement.

C'est souvent le nerf de la guerre.
Quel que soit le moyen de transport, aujourd'hui, tout semble hors de prix, surtout dès qu'on est plusieurs.
Alors, pour réussir à faire baisser la note, il faut ruser.

# 3

# EN VOITURE SIMONE

# PASSER SON PERMIS

**Sauf quand on habite dans des grandes villes, le permis de conduire est un outil indispensable. Dans certains jobs, il est même une condition sine qua non pour être embauché.**

Résultat, chaque année, 1,3 million de candidats le passent. Seul hic: son coût: 1804 € en moyenne. Un coût qui, selon les régions, varie quasi du simple au double! Pour exemple, dans les Hauts-de-France, on débourse environ 837 € contre 1518 € dans les Yvelines. Heureusement, pour réduire la facture, il existe quand même quelques solutions.

## Opter pour la boîte automatique

À l'heure des hybrides et des électriques, c'est sûrement la solution de demain. Sur ces voitures, plus besoin de jongler avec l'embrayage, tout se fait tout seul, au niveau du moteur. Les hybrides sont équipées d'un variateur qui gère automatiquement les passages «électrique/essence»; quant aux électriques, jusqu'à présent, elles n'ont qu'une vitesse. Autre argument à prendre en compte quand on est un amoureux des voyages: dans de nombreux pays étrangers, les voitures essence sont toutes automatiques... Petite précision tout de même, l'option «automatique» ne dispense pas pour autant le passage en auto-école pour apprendre la conduite. De même, pour avoir le droit de conduire une voiture à embrayage, il faut être titulaire du permis depuis au moins 6 mois et effectuer une mise à niveau en 6 à 7 h de cours en auto-école.

• Gain: le nombre minimal d'heures de conduite imposé est de 13 heures contre 20 heures pour l'examen d'une voiture à boîte de vitesses.

## Profiter de la conduite accompagnée

Si elle est accessible dès 15 ans, rien n'empêche d'en profiter quand on a 35 ou même 50 ans! La conduite accompagnée ou ACC (Apprentissage anticipé de la conduite) est sans limite d'âge. La seule condition consiste à parcourir 3000 km en 3 ans maximum avec un accompagnateur avant d'être présenté à l'examen par l'auto-école. Mais, attention, cette méthode ne dispense pas de la formation initiale, à savoir obtenir le code et suivre 20 h de conduite en auto-école. Au tarif de l'heure de conduite supplémentaire, ces cours «gratuits» sont sources d'économies et augmentent les chances de réussite: 75 % de réussite dès le premier passage contre 55 % pour la méthode classique.

### Permis raté, on passe à la conduite supervisée

La conduite supervisée est réservée aux plus de 18 ans et à ceux qui ont raté l'épreuve pratique ou, qui, code en poche et les 20 h obligatoires effectuées, souhaitent perfectionner leur conduite avant de passer l'examen. Pour en bénéficier, l'auto-école doit donner son accord et aussi agréer l'accompagnateur qui peut être un ami ou un membre de la famille et l'apprenti conducteur s'engage à effectuer 1 000 km minimum sur au moins 3 mois avec un accompagnateur. Au regard du tarif de l'heure supplémentaire, c'est un bon compromis pour celui qui a raté l'épreuve pratique mais aussi pour celui qui a fini le forfait de 20 heures initial, car, la moyenne d'heures avant d'être présenté au permis oscille entre 30 et 40 heures (35 h à Paris).

### Le passer à l'étranger

Voilà une solution plus que tentante quand on regarde les tarifs pratiqués ailleurs, d'autant qu'on peut conduire en France avec un permis obtenu en Union Européenne sans formalités supplémentaires. Ainsi, en Italie, la facture sera jusqu'à 70 % moins élevée ; au Portugal, elle sera réduite de 50 %. Avant de se précipiter, on y regarde à deux fois car les permis de nos voisins européens réservent parfois quelques surprises. Ainsi, en Allemagne, il faut être détenteur du brevet de secourisme pour s'inscrire au permis ; en Espagne, il faut le renouveler tous les 10 ans en passant une visite médicale. Sans oublier que la plupart des pays demandent à l'élève d'être résident depuis au moins trois mois et qu'il faut maîtriser la langue. C'est donc intéressant quand on est muté un temps dans un pays voisin ou si son enfant y suit des études. En revanche, ceux des autres pays (États-Unis, Brésil, etc.) sont non reconnus ou valables un temps limité.

### Choisir l'auto-école 3.0

C'est la solution pour supprimer tous les intermédiaires et les frais de service. Inscriptions, réservations, cours de code, etc., tout se fait en ligne. Les cours de conduite sont prodigués par des moniteurs indépendants dans une voiture à double commande. Revers de la médaille, pour la conduite, ces auto-écoles ne sont pas encore installées dans toute la France. Attention aussi à vérifier qu'elles sont agréées par la préfecture de police du lieu d'implantation de l'établissement. L'agrément est délivré pour 5 ans.

Ces auto-écoles en ligne permettent d'économiser jusqu'à 50 % du tarif avec un code à 49,90 € et des heures de conduite à 39,90 € contre une moyenne de 50 €. Contrairement aux idées reçues, les auto-écoles en ligne ne laissent pas les candidats sans encadrement. Les moniteurs doivent être titulaires du Brevet pour l'Exercice de la Profession d'Enseignant de la Conduite Automobile et de la Sécurité Routière (BEPECASER), toutefois, il est parfois difficile d'en trouver un disponible aux heures de son choix ou dans sa région.

- https://auto-ecole.codeclic.com, www.lepermislibre.fr, www.ornikar.com

### Le passer en candidat libre

Pour encore plus économiser, on peut préparer le code via des applis, prendre ses leçons de conduite avec un conducteur averti et s'inscrire en candidat libre auprès de la préfecture (coût 25 à 69 € selon les régions) à condition de faire son apprentissage dans une voiture à double commande (dès 20 €/h). On n'oublie pas qu'il faut, depuis 1988, être détenteur des attestations scolaires de sécurité routière (ASSR) 1 et 2 pour pouvoir passer le permis. En prenant ses cours avec un membre de sa famille, on peut réduire de plus de 50 % le coût, mais revers de la médaille, le temps d'attente pour obtenir une date de passage pour l'épreuve pratique est plus long que lorsqu'on passe par une auto-école. Il vous faudra aussi souscrire une assurance spéciale pour le jour de l'examen pratique.

- www.permis-malin.com

### Profiter des formations

Depuis 2017, on peut financer le permis comme formation professionnelle avec son compte personnel de formation : www.moncompteformation.gouv.fr

De même, sous certaines conditions, Pôle emploi (jusqu'à 1200 €), les mairies (jusqu'à 1300 €) et les régions (jusqu'à 1200 €) peuvent contribuer au financement du permis de conduire. Quant au permis à 1 €, il permet d'obtenir un crédit jusqu'à 1200 € à taux zéro. www.securite-routiere.gouv.fr

### Réduire les frais de voiture

Assurance, carburant, entretien, chaque année, on dépense une moyenne de 5883 € pour sa voiture. Un gouffre financier qui ne cesse de se creuser. Alors, à défaut de pouvoir réduire certaines dépenses comme l'essence, on se débrouille pour baisser les factures des autres postes sans évidemment perdre en sécurité.

## S'assurer avant de s'inscrire

*On se méfie de l'arbre qui cache la forêt. Les auto-écoles qui affichent des forfaits défiant toute concurrence cachent souvent des frais annexes élevés. L'heure de conduite supplémentaire peut varier du simple au double, tout comme les frais d'inscription. L'inscription au code peut être en sus, etc.*

*Quand on demande un devis, l'agence doit fournir un contenu détaillé des prestations forfaitaires (nombre d'heures de conduite, frais d'inscription, frais de dossier, etc.), durée de validité du forfait, etc. car, même au sein d'un même réseau, les tarifs peuvent être différents.*

*Certains frais sont réglementés par la loi. Ainsi, si on décide de changer d'agence, aucun frais de transfert ne peut être facturé. Sauf si le contrat prévoit des frais de dédit (rupture avant fin du contrat initial par exemple). Si la présentation du candidat aux épreuves théoriques et pratiques est gratuite pour tous les permis, la présence du moniteur lors de l'épreuve pratique peut être soumise à des frais qui peuvent excéder le prix d'une heure de conduite.*

### Entretenir Titine

Les révisions coûtent cher. Alors, pour économiser, on se retrousse les manches ou on se fait aider par des pros.

Là encore dans ce domaine, le collaboratif fonctionne bien. Dans les self-garages ou dans les garages solidaires (ou associatifs), on peut louer des ponts, du matériel, voire acheter des pièces détachées (plaquettes...) ou les produits nécessaires pour l'entretien (filtres, huile...). Si on est un pro, on peut effectuer les réparations soi-même. Sinon, on peut demander des conseils à un pro ou demander à un garagiste de les faire à sa place. Bien souvent, il vous en coûtera une cotisation annuelle, pour le prêt du matériel.

- https://www.selfgarage.org

Les écoles de mécaniciens sont aussi une solution pour payer vos réparations à moindre coût. Faire appel aux services d'un apprenti vous fera payer nettement moins cher que chez un professionnel, tout en sachant que les opérations des apprentis restent encadrées par quelqu'un du métier. On peut retrouver la liste des écoles sur Internet ou dans l'annuaire.

Pour faire des économies, on peut acheter les pièces sur Internet. Mais, dans ce cas, on s'assure de bénéficier de pièces aux normes et non de contrefaçons ! On vérifie sur le site de la Direction générale de la concurrence, de la consommation et de la répression des fraudes ou sur les sites des associations de consommateurs (60 millions de consommateurs) la fiabilité du web marchand :

- www.economie.gouv.fr/dgccrf

## ACHETER UNE NOUVELLE TITINE

**Pour obtenir des ristournes intéressantes sur l'achat d'une voiture, certaines périodes sont plus intéressantes que d'autres.**

On profite du mois de décembre. Soucieux de boucler leur bilan avec de bons résultats de vente et d'écouler leurs stocks, les concessionnaires et les marques sont plus enclins à offrir des options ou des accessoires. Les salons sont aussi propices aux « cadeaux », tout comme les journées portes ouvertes qui se déroulent à la rentrée de septembre.

### Et si je la prends à l'étranger ?

Voilà un plan qui peut être source d'économies à condition de respecter certaines règles. On est vigilant sur les conditions de vente. La voiture est-elle conforme aux règles françaises ? Dois-je la faire passer aux mines ? Payer des frais de douane ? Certains pays ont un écartement des phares

plus étroit que celui exigé en France, etc. Si vous restez au sein de l'Union Européenne, vous ne rencontrerez pas ce genre de souci. Toutefois, vous devez faire attention aux formalités fiscales, et à la TVA en particulier. Sur n'importe quel bien ou service que vous achetez, vous payez la taxe sur la valeur ajoutée. À raison de 19 à 20 % du prix, cela peut rapidement baisser les économies envisagées.

Si le tarif est indiqué TTC, vous n'aurez pas de mauvaises surprises dans le pays d'achat, mais une fois en France, vous devrez vous acquitter une nouvelle fois de la TVA ! Afin d'éviter de la régler deux fois, vous pouvez faire une demande de remboursement intracommunautaire (voir servicepublic.fr). Pour cela, il faut impérativement que le revendeur vous donne le quitus fiscal, le document prouvant alors que la taxe a été payée dans le pays d'achat de l'auto.

Pour économiser la TVA, achetez un véhicule de plus de 6 mois et affichant au moins 6 000 km. Dans ce cas, il est considéré comme d'occasion et est payé toutes taxes comprises

(TTC). Vous n'avez pas de TVA à payer en France, l'administration considérant que la taxe a été réglée dans le pays d'origine.

Pour éviter de vous enquiquiner la vie, vous pouvez aussi faire appel à un mandataire spécialisé dans l'achat de voitures à l'étranger. Moyennant un pourcentage de 3 à 4 % du prix de la voiture, il s'occupe de tout. Il monnaye les remises qui peuvent aller de 30 à 40 % en fonction des modèles, se déplace pour aller la chercher et vous la ramener et gère aussi les papiers d'immatriculation.

Attention à bien obtenir le COC (Certificat of Conformity) appelé CCE (Certificat de Conformité Européen) dans l'Espace économique européen. Sans lui, vous ne pourrez pas immatriculer votre véhicule.

## Le saviez-vous ?

***Passer aux mines***

Le passage aux mines est une expression datant du XIXe siècle. À cette époque, l'industrie de l'extraction du charbon est à son apogée et un service dit « des Mines » est créé pour contrôler la sécurité dans les mines.

Apparu en 1993, rendu obligatoire en 1996, ce document administratif normalisé au niveau mondial, établi par les constructeurs, indique les caractéristiques d'un véhicule à moteur et généralement sa conformité aux normes du pays dans lequel il a été fabriqué.

# ET CÔTÉ ASSURANCES ?

**Pour vous aider à trouver les meilleurs tarifs, les comparateurs, comme les furets.com, www.lelynx.fr, sont de bons alliés. Ensuite, on n'hésite pas à faire jouer la concurrence entre courtiers.**

À l'heure d'Internet, on trouve maintenant des assurances connectées sur le principe du « Pay How You Drive », soit littéralement « payez en fonction de votre mode de conduite » : www.allianz.fr, direct-assurance.fr

Un système qui rappelle celui des bons points que l'on nous donnait à l'école !

Le principe ? On connecte par Bluetooth une appli dédiée sur son Smartphone à un boîtier à installer sous le volant fourni par l'assurance. Dès lors, freinage, accélération, kilomètres, tout est transmis, analysé et noté en temps réel par l'assurance. Sur YouDrive (Direct Assurance), on reçoit même des médailles et des badges.

On se croirait dans PokemonGo! En fait, plus on adopte l'écoconduite, plus on est considéré bon conducteur et plus on obtient des remises annuelles (Allianz Conduite connectée) ou mensuelles (Direct Assurance) sur sa prime d'assurance (10 à 50 %).
Au final, sur route, on peut faire des économies substantielles; en ville, c'est moins évident car la conduite y est plus saccadée.
Alors, avant de signer, on se penche sur les franchises applicables en cas de sinistres et on compare les tarifs. Pour une même demande*, Direct Assurance propose un contrat connecté à 886 € contre 640 € pour un contrat classique chez L'olivier[1].
Enfin, il faut accepter l'idée que l'assurance contrôle tous nos faits et gestes. Qui sait si, un jour, elle n'appliquera pas des surtaxes pour les « mauvais » conducteurs.

**1 :** lelynx.fr. Exemple : jeune conducteur, titulaire du permis depuis 1 an, propriétaire d'une Mini 4 CV, essence, 1re assurance.

## CHOISIR LE COVOITURAGE

Évidemment, quand on pense « transport pas cher », on pense covoiturage. Ce système s'est imposé depuis quelques années. Pour des raisons écologiques mais aussi pour des raisons financières. Entre les radars, les tarifs de péage, le coût de l'essence, le moindre trajet devient un gouffre financier. Alors, c'est sûr, partager tous ces frais à plusieurs, c'est bien.

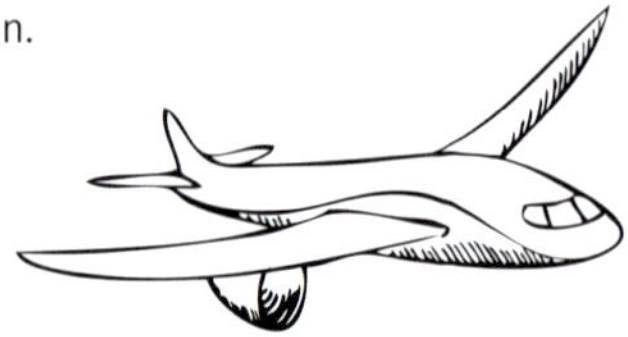

On peut économiser jusqu'à 75 % du tarif normal sur un trajet. Autre avantage pour le conducteur, sur les trajets longs, avec l'accord de son assurance, il peut éventuellement prêter son volant. Pour être couvert côté assurance et s'assurer les meilleurs conducteurs, il faut passer par un site spécialisé qui s'occupe de proposer les annonces mais qui gère aussi les transactions, comme Blablacar (n° 1 en France) avec ses 20 millions d'inscrits. Rien ne vous empêche d'en organiser pour vous rendre à votre travail.
Côté assurance, le propriétaire de la voiture

### Le saviez-vous ?

***Le covoiturage fait l'objet d'une définition stricte par le Code des transports. Pour être conforme à la loi, il doit répondre à deux obligations :***

- ***le trajet doit s'inscrire dans le cadre d'un déplacement effectué par le conducteur pour son propre compte. Si le conducteur effectue le trajet pour véhiculer ses passagers, on tombe sous la loi du VTC. Méfiez-vous, si vous êtes passager, car, en cas de problème, les assurances pourront refuser de prendre des frais en charge.***
- ***Le conducteur n'a pas le droit de faire du bénéfice. Les frais concernent le carburant, les éventuels péages et, si les passagers et le conducteur ont été mis en relation par une plateforme, la commission de cette dernière. Dans ces conditions, le partage de frais n'est pas soumis à la TVA, ne constitue pas un revenu et le conducteur n'est pas dans l'obligation de cotiser pour les heures de conduite qu'il effectue.***
- ***Pour trouver les sites les plus sérieux, on regarde le site de la Direction générale de la concurrence, de la consommation et de la répression des fraudes – www.economie.gouv.fr – ou on se renseigne auprès de son assurance.***

doit vérifier s'il est couvert par son assurance responsabilité civile qui couvre les dommages qui peuvent être occasionnés à des tiers lors d'un sinistre. Si on décide d'effectuer du covoiturage pour les trajets « maison-travail », on vérifie que son assurance couvre ce cas spécifique.
Enfin, selon la période, on étudie les autres possibilités à sa disposition. Un vol avec une compagnie à bas prix ou une dernière minute SNCF peuvent se révéler plus intéressants.

## PRATIQUER L'AUTOPARTAGE

Une voiture est inutilisée en moyenne 95 % du temps ! Alors plutôt que de laisser sa voiture au parking, on la loue ou, si on envisage d'en louer une, là encore, on utilise celle d'un particulier.
S'il connaît un fort regain depuis quelques années avec la montée en puissance de l'économie collaborative, l'autopartage entre particuliers est la forme la plus ancienne du partage d'un véhicule. Toutefois, ce système ne connaît pas encore un très fort engouement. Selon l'Ademe, seul 0,08 % du parc automobile français est concerné. La raison ? Les propriétaires ont peur de la récupérer en mauvais état.

### Le saviez-vous ?

***L'autopartage, c'est écolo ! Chaque voiture autopartagée en remplace 9 personnelles et libère 8 places de stationnement.***
***(source Ademe)***

Pourtant, côté propriétaire, on peut facilement engranger des bénéfices. Le coût de la location est calculé selon un tarif horaire et un barème kilométrique établi selon la valeur à neuf de la voiture et sa puissance. On recevra 70 % du tarif facturé au locataire. Alors, au lieu de payer un parking journalier, c'est plus intéressant de louer son véhicule. On vérifie auprès de son assurance si on en a la possibilité, surtout si on est en crédit location-vente. Sinon, les seules obligations sont d'entretenir la voiture. Une assurance spécifique gérée par le site de location, couvre la voiture, le temps de la location.

Le locataire-loueur devra prendre en charge tous les frais afférents à cette location (parcmètre, essence selon kilométrage). On pourra réaliser une économie de 5 à 40 % par rapport à une voiture de location. Attention quand même, les tarifs avancés sont calculés sur la consommation réelle (heures et kilométrage). C'est donc un système avantageux sur la location de très courte durée. De même, pour éviter toute embrouille et souci de panne, on regarde de près l'état et le kilométrage de la voiture.

### Rapatrier une voiture

Rapatrier un véhicule loué en aller simple, pour un loueur de voitures, c'est galère car il doit la rapatrier sur son agence. Pour en réduire les coûts, plutôt que de payer du fret, les agences proposent aux particuliers de s'en charger moyennant un euro, et ce, quel que soit le parcours. Un euro symbolique auquel il faudra ajouter les frais d'essence et de péage. Le reste : l'assurance tous risques et les kilomètres nécessaires (affichés sous forme d'un forfait) sont pris en charge par le loueur. Autre avantage, vous avez le droit d'utiliser la voiture pour faire du covoiturage sur le trajet défini. Seule contrainte, vous devez effectuer le parcours en 24 ou 48 heures selon les distances. Si vous ne respectez pas le contrat, vous serez à l'amende. Toutes les destinations proposées sont affichées sur des sites comme driiveme.com, hiflow.com.

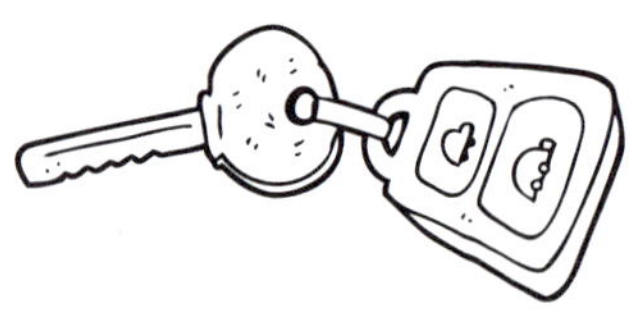

## ACCOMPAGNER SON ENFANT À L'ÉCOLE

Éviter de prendre sa voiture tous les jours pour accompagner ses enfants, c'est possible. On se renseigne dans les mairies, à l'école, dans de nombreuses villes, des dispositifs sont mis en place par des parents et des bénévoles pour accompagner un groupe d'enfants, à pied ou à vélo. Ces « caravanes » suivent des trajets très précis avec des arrêts desservis à horaires fixes, comme une ligne de bus. Le plus souvent, ces accompagnements sont mis en place par les parents, la mairie, les associations ou les écoles. Pour obtenir des renseignements, on peut contacter les directions régionales de l'ADEME.

## OBTENIR UN BILLET DE TRAIN

Pour obtenir les meilleurs tarifs, il va falloir devenir un as des plannings ! Les tarifs varient tellement qu'il faut apprendre à guetter les bonnes affaires et surtout connaître précisément ses dates de séjour.
Si on est libre comme l'air, de nombreux voyageurs, obligés d'annuler un voyage mais en possession de billets non remboursables ou modifiables, tentent de les vendre pour essayer de limiter la perte financière (zepass.com, kelbillet.com). Un bon moyen pour économiser jusqu'à 70 % sur un trajet. Toutefois, avant d'en acquérir un, on vérifie avec attention s'il n'est pas associé à une carte de réduction car, dans ce cas, il ne sera pas transférable.

C’est le plus gros poste de dépense mais c’est aussi celui ou l’on peut le plus économiser sans se priver et sans se compliquer la vie. Alors, action !

# 4

# ALLÉGER LES FRAIS DE LA MAISON, UN JEU D'ENFANT

# PRIORITÉ À L'ISOLATION

**Traquer le watt, faire attention à l'eau, baisser le chauffage quand on sort, réduire les veilles, c'est bien mais savez-vous que les murs sont aussi une forte source de déperdition de chaleur ? Qu'une couleur peut réchauffer une pièce ? Dans une maison, la chaleur s'échappe 20 à 40 % par la toiture, 15 à 25 % par les murs, 15 % par les vitres et fenêtres, 5 à 10 % par les sols, alors on soigne l'isolation.**

## Les incontournables

Baisser de 1° le chauffage entraîne un gain de 7 % sur sa facture. Alors, évidemment, on peut baisser son chauffage et se couvrir un peu plus en ajoutant un gilet ou un pull ou on peut investir et adopter de bons appareils de chauffage performants.

Avec l'aérothermie, les pompes à chaleur réversible s'imposent dans l'univers du chauffage des particuliers. Mobiles ou fixées au mur intérieur, elles puisent les calories dans l'air extérieur, les concentrent avant de les restituer sous forme d'air chaud ou froid dans l'ensemble de la pièce. Peu énergivores, elles consomment 3 fois moins d'électricité qu'un radiateur ou un climatiseur classique. Il en existe deux types: la pompe à chaleur air/air, qui souffle l'air chaud grâce à un système de ventilation pour remplacer les radiateurs, et la pompe à chaleur air/eau qui chauffe un ballon d'eau, idéale pour le chauffage au sol. Un investissement rapidement amorti. Il peut être éligible au crédit d'impôt transition énergétique (CITE).

Plus simple et moins onéreux, sur un chauffage central, on peut remplacer la tête de radiateur avec une thermostatique programmable. Dans une pièce inoccupée, le chauffage s'abaissera automatiquement de 3° et vous permettra d'économiser plus de 100 €/an. Ce système aussi peut être éligible au crédit d'impôt transition énergétique (CITE).

## Soigner les murs et le sol

Pour gagner des degrés, on repeint les murs dans une couleur chaude (ocre, taupe) et on habille les plus froids d'un tapis en laine ou de tissu. Si la pièce est sombre, on l'habille aussi avec des couleurs claires qui réfléchissent mieux la lumière.

On fixe soit une feuille de papier d'aluminium soit des réflecteurs de chaleur derrière ses radiateurs. Ils renverront ainsi la chaleur émise dans la pièce car si un mur chaud restitue la chaleur emmagasinée, trop chauffé, il la laisse passer. Les radiateurs diffuseront jusqu'à 10 % de chaleur en plus dans la pièce.

On pense aussi aux sols ! À défaut de profiter d'un chauffage par le sol ou de moquette, on joue avec les tapis. Ils évitent à la chaleur de s'échapper par le sol mais surtout ils évitent au froid de pénétrer dans la pièce.

## Calfeutrer fenêtres et portes

15 % des déperditions de chaleur se font par les fenêtres. Pour situer les principales sources d'air, on passe une bougie allumée près des zones qui semblent mal isolées. Si la flamme oscille, au boulot.

Le mode d'isolation le plus connu, le moins onéreux et le plus efficace pour les interstices entre les fenêtres est le calfeutrage avec un joint isolant en mousse ou en silicone. Vous n'avez rien sous la main ? Utilisez du Scotch large en papier ou du transparent aux endroits où il y a des trous d'air. Fixez-en deux couches. Son avantage : il se change facilement, il n'abîme pas la peinture des fenêtres et est assez discret.

À défaut de remplacer les fenêtres par des doubles vitrages, on applique du film de survitrage adhésif. Fin (0,25 mm), ce papier transparent en thermoplastique réchauffe sans obscurcir les pièces. Mine de rien, on gagnera jusqu'à 50 % d'isolation supplémentaire.

On pense aussi à installer des boîtes d'encastrement sur les prises électriques. Étanches à l'air, elles éviteront les infiltrations d'air liées à l'installation électrique.

Le soir, on ferme les volets ou les doubles rideaux pour créer une séparation efficace avec l'extérieur. Un volet fermé réduit jusqu'à 60 % la déperdition de chaleur. Quant aux rideaux équipés d'une doublure en aluminium, ils réfléchissent entre 80 et 90 % des rayons infrarouges produits par le chauffage, ce qui permet d'économiser jusqu'à 46 % d'énergie.

On se focalise aussi sur la porte d'entrée. Trop souvent oubliée, c'est elle qui stocke le plus le froid. Là encore, on vérifie les joints pour éviter que l'air ne passe par les côtés.

Le plus grand avaleur d'air reste le bas de porte. Alors, on le soigne soit en installant le traditionnel boudin en mousse de nos grands-mères que l'on pose devant, soit en installant un bas de porte en silicone que l'on colle ou que l'on fixe sur l'intérieur de la porte. C'est plus efficace car il est solidaire et ne laisse pas passer le moindre souffle d'air.

Souvent oubliées mais pourtant très efficaces, les portières, ces rideaux épais que l'on fixe sur les portes d'entrée, réchauffent une pièce tout en empêchant les courants d'air de s'infiltrer dans la maison. En plus, elles sont décoratives, habillent l'entrée et lui donnent de la chaleur.

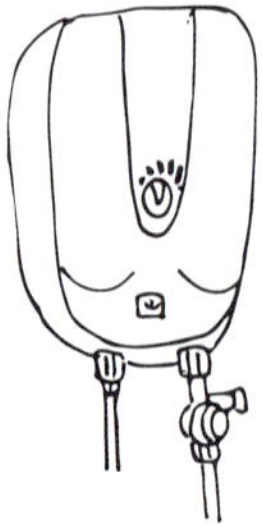

## Une chaleur idéale

Le chauffage et la production d'eau chaude représentent les deux tiers de la facture d'énergie des ménages. Tout comme ses appareils de froid, si son chauffe-eau est installé dans la cave, le grenier ou tout autre lieu non chauffé, on l'isole en l'entourant de mousse par exemple pour éviter la perte de chaleur. Cela permettra de baisser le coût de son chauffage de 4 à 9 %. Difficile à croire mais cette simple isolation réduit de 25 à 45 % la déperdition de chaleur émanant du chauffe-eau !

On gaine ses tuyaux avec de l'isolant thermique (manchon caoutchouc, dès 2 €), plaque isolante (4,80 €/m$^2$), fibre minérale (chanvre, 5,99 €/m$^2$) partout où il est inutile de chauffer (cave, couloir). Là encore, on économise jusqu'à 10 % d'énergie. En plus, ils chaufferont plus rapidement.

Gare à la poussière qui retient la chaleur ! Elle peut impacter fortement sa facture d'électricité. Jusqu'à 65 % selon le fournisseur. Alors, régulièrement, on s'arme d'un chiffon, d'un plumeau, d'un aspirateur avec son embout suceur ou d'un sèche-cheveux et on nettoie à froid ses radiateurs électriques, à bain d'huile, etc. On pense aussi à ne pas laisser les rideaux devant les radiateurs, car ils empêcheraient la chaleur de se diffuser. On fait de même, pour les convecteurs afin d'éviter de réduire l'émission de chaleur.

On prend également soin de bien fermer ses placards et dressings sinon l'air chaud ira aussi s'y glisser et on consommera plus d'énergie.

## Réguler la température

Les détecteurs de présence à système infrarouge (dès 9 €) sont des alliés anti-gaspi. Placés sur un radiateur ou dans une pièce, ils se chargent d'éteindre les lampes à votre place ou de réduire la température dans les pièces inoccupées.

Vous pouvez aussi opter pour un thermostat connecté qui s'installe sur la chaudière. Vous avez oublié de baisser le chauffage en partant ce matin ? Aucun problème, vous pouvez le

régler, l'éteindre, opérer pièce par pièce, le tout depuis votre Smartphone. Certes, cela demande un investissement de base (environ 250 €) mais, au résultat, on obtient une réduction de la facture d'électricité de 5 à 15 % minimum ! Plus encore, sous certaines conditions (installation par un professionnel), il peut être éligible au crédit d'impôt transition énergétique (CITE).

## TRAQUER LE KILOWATTHEURE

**Chaque année, on dépense plus de 3 207 € pour se chauffer, s'éclairer, faire fonctionner ses appareils électroménagers, high-tech, électriques. Inutile de rejeter la faute sur le tarif du kilowattheure, il est loin d'être le seul responsable.**

La principale fautive serait plutôt notre passion pour les petits appareils électroménagers en tout genre. À force de les multiplier, chaque foyer a doublé sa consommation en électricité ! Vient ensuite notre négligence… Si on pense à éteindre les lumières, on oublie généralement de nettoyer les sources de lumière, on prête peu d'attention aux veilles, etc. et c'est dommage car avec quelques gestes simples, on peut facilement faire baisser sa facture de plus de 400 € par an.

ASTUCE

### Nettoyer un abat-jour

- *S'il est en tissu, on le laisse tremper quelques minutes dans de l'eau tiède mélangée avec une poignée de bicarbonate de soude ou des copeaux de savon de Marseille. On le frotte délicatement avec une brosse à poils durs. On rince à l'eau claire puis on laisse sécher à l'air libre. On peut utiliser le sèche-cheveux à condition de ne pas diffuser l'air de trop près pour ne pas endommager la partie rigide sur laquelle le tissu est fixé.*
- *S'il est en plastique, on le frotte avec une éponge humide imprégnée avec un peu de savon noir. On rince à l'eau claire et on sèche avec un chiffon sec non pelucheux.*
- *S'il est en papier, on le dépoussière avec un sèche-cheveux. Pour enlever des taches, on gomme délicatement avec une gomme blanche sans aucune trace noire.*

## Chouchouter les sources de lumière

• **On dépoussière régulièrement** le dessus des ampoules. Un simple coup de chiffon non pelucheux (sur les ampoules froides, bien sûr) permet d'améliorer jusqu'à 40 % leur flux lumineux.

• **On privilégie les abat-jour clairs et fins** qui laissent mieux passer la lumière.

• **On opte pour la bonne source de lumière.** Dans la cuisine, la salle à manger ou l'entrée, elle doit être dynamique. On privilégie les sources directes, comme les plafonniers par exemple, qui éclairent l'ensemble d'une pièce, on utilise des spots sur un plan de travail, etc. Leur spécificité : tous éclairent instantanément et avec précision l'endroit souhaité. Revers de la médaille, ils peuvent laisser des zones d'ombre. Pour les éliminer, on joue avec des guirlandes lumineuses, des mini-spots directionnels ou encore avec des rails de lampes à placer sur ou sous les meubles et étagères. En revanche, pour obtenir une lumière douce et reposante, on préférera un éclairage indirect (lampe à poser). Sa particularité ? La lumière est projetée sur un point du plafond ou du mur qui la réfléchit à son tour et la renvoie dans la pièce.

• **On joue sur la couleur des murs.** On les habille avec de la peinture claire qui réfléchit mieux la lumière, ce qui permet de moins recourir à l'électricité.

• **Rien à faire,** vous avez beau essayer d'être vigilant, vous oubliez toujours d'éteindre une lumière dans une ou plusieurs pièces. Alors, à défaut de réussir à dresser Merlin le chat à les éteindre à votre place, optez pour des détecteurs de présence à système infrarouge (dès 8,50 €). Installés sur un radiateur ou dans une pièce, ils se chargent d'éteindre les lampes à votre place ou de réduire la température dans les pièces inoccupées.

**ASTUCE**

### *Ampoule cassée ?*

Pour ramasser les débris sans vous couper, utilisez du Scotch ou du pain de mie, les morceaux s'y accrocheront.

## Choisir les bonnes ampoules

Led, fluocompactes, lumen, etc., depuis la suppression des ampoules à incandescence dont la puissance était exprimée en watts, on n'y comprend plus rien et plus les fabricants tentent d'éclaircir nos chandelles sur les emballages, moins on s'y retrouve. Résultat, à défaut de trouver l'ampoule qui éclaire parfaitement, on multiplie les lampes et donc notre consommation. Alors, pour économiser encore quelques euros, on choisit les bonnes catégories d'ampoules mais aussi leur couleur.

• **Les LED** (ou diodes électroluminescentes) sont les stars de l'éclairage. Peu énergivores, elles s'allument instantanément et offrent une lumière de qualité. Quant à leur prix d'achat un peu plus élevé que d'autres, il est rapidement amorti par leur durée de vie : jusqu'à 20000 heures si l'on choisit les modèles classés A+ ou A++ sur les étiquettes énergie.

• **Les fluocompactes** (LFC), peu énergivores, sont moins chères à l'achat que les LED mais, revers de la médaille, éclairent moins bien et leur durée de vie est moindre,

### Le saviez-vous ?

***Pour une ampoule, plus le nombre de lumens par watt (quantité de lumière produite par l'électricité qu'elle utilise) est élevé, plus son efficacité lumineuse est grande donc, plus simplement, plus elle éclaire !***

environ 8000 heures pour les modèles classés A sur l'étiquette énergie.

• **Les halogènes** sont les mauvaises élèves. Classées C ou D sur l'étiquette énergie tant elles sont énergivores, dotées d'une durée de vie qui dépasse rarement les 2000 h, elles ont tout pour déplaire, au point que depuis septembre 2018, elles ne sont plus fabriquées ni mises sur le marché. Elles continueront à être vendues jusqu'à épuisement des stocks des fabricants et revendeurs.

## Traquer les veilles électriques

Les veilles électriques sont les bêtes noires de nos intérieurs. Certes, elles sont de moins en moins gourmandes en énergie, mais, comme on les multiplie, elles continuent à plomber nos factures ! On l'ignore souvent, mais même faible (1 à 20 W), une veille absorbe une puissance continue, et ce, 24 heures sur 24. Or, entre les chargeurs de téléphone, les machines à

### Le saviez-vous ?

***Depuis janvier 2017, afin de réduire leurs coûts énergétiques, la puissance des veilles est limitée à 0,5 W pour la plupart des appareils électriques. Seule exception : pour ceux connectés à Internet ou à des réseaux de données, elle reste à 3 W.***

café programmables, etc., on laisse 15 à 50 appareils en veille tous les jours ! En les éteignant ou en les réglant, on économiserait plus de 50 W soit plus de 80 € par an. Cela vaut le coup d'essayer.

- **On se plonge dans les paramètres de ses appareils.** Sur certains, on peut choisir son type de veille. On choisit alors le moins énergivore, souvent identifié comme un mode « eco ».
- **On fait d'une pierre deux coups** en utilisant des multiprises à interrupteur pour en éteindre plusieurs en même temps.
- **On éteint sa box Internet** qui reste, le plus souvent, allumée 24 h sur 24. Une veille qui entraîne une consommation de plus de 200 KWH/an soit autant qu'un lave-linge. L'éteindre permet d'économiser 10 % sur sa facture annuelle. Soyez sans crainte, contrairement à une idée répandue, de nombreux appareils gardent leur programmation au-delà de plusieurs jours d'extinction totale. On lit le mode d'emploi ou on pose la question au service après-vente.
- **On débranche les appareils de cuisson** ou le petit électroménager qu'on utilise ponctuellement (machine à pain, extracteur de jus) et surtout le programmable (machine à café). Ils possèdent souvent une veille cachée. En revanche, on laisse branchés les appareils dont les veilles ont une fonction d'alerte. Comme celles des lave-linge ou lave-vaisselle, qui servent aussi à détecter les fuites d'eau.

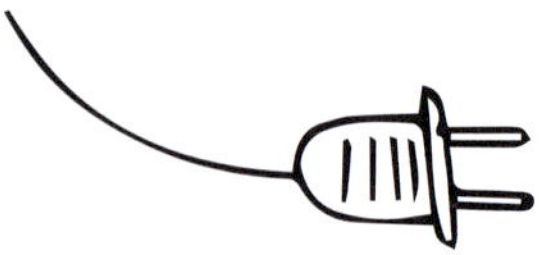

## GOUTTE QUI PEUT

Traquer les fuites, surveiller l'étanchéité des joints, utiliser le lave-vaisselle plutôt que de laver à la main, préférer les douches au bain, éteindre l'eau quand on se lave les dents, etc. Souvent rabâchés, ces petits gestes du quotidien restent les plus efficaces pour faire baisser la note d'eau. Pour rappel, un robinet qui goutte une journée, c'est 300 litres d'eau par jour, consommés inutilement soit plus de 360 €/an.

### Vérifier le compteur

La petite fuite silencieuse est un des pires fléaux de la maison. Pour la déceler, un soir avant d'aller dormir, on ferme tous les robinets d'arrivée d'eau de son logement. On note les chiffres indiqués sur le compteur. On les vérifie au réveil. S'ils ont bougé, pas de doute, la fuite est là. On entreprend une recherche avant que sa facture n'explose.

Pour essayer de trouver la fuite, on passe en revue ses appareils un par un. Une chasse d'eau qui fuit, c'est plus de 80 litres d'eau qui s'écoulent par heure. Alors, pour savoir, on tire la chasse d'eau, on laisse le réservoir se remplir. Elle continue à émettre un bruit? C'est signe qu'il y a un problème. On pense aussi à inspecter le chauffe-eau au niveau des jonctions de tuyauterie et de la soupape de sécurité. On regarde de près les robinets.

ASTUCE

## Sus au calcaire

Le robinet goutte? On peut perdre jusqu'à 100 litres d'eau par jour!

Et si c'était la faute du calcaire? S'il s'est incrusté, cela peut expliquer une mauvaise fermeture du robinet et donc cet incessant goutte-à-goutte. Pour y mettre un terme, au niveau de la jonction, on frotte le robinet avec une brosse à dents imprégnée de bicarbonate de soude. On laisse agir et on rince.

### La douche pas si économe que ça

On le sait, mieux vaut prendre une douche qu'un bain. C'est 40 à 60 litres d'eau que l'on prend sur la tête contre 150 à 200 pour se prélasser dans l'eau. Certes, à condition de ne pas s'éterniser sous la douche! Or, depuis l'apparition des douches pluies et/ou à jets massants, force est de constater qu'on y séjourne de plus en plus longtemps et donc que l'on consomme de plus en plus d'eau.

Vissé sur le robinet, le mousseur d'eau permet d'éviter les fuites, de diminuer de plus de 50 % le débit sans réduire la pression. Le principe? Il injecte de minuscules bulles d'air dans l'eau qui coule. Un gain de plus de 225 €/an pour une famille de 4 pour un investissement de moins de 5 €.

Le stop-douche est un petit système qui se fixe entre le robinet et le tube flexible de la douche. Quand on n'a pas de mitigeur, il permet, le temps de se savonner, de stopper l'eau tout en gardant momentanément la température désirée par exemple. Coût: 15 €. Gain: 20 l/min d'eau stoppée.

Idéal pour les enfants: le pommeau de douche connecté. Ses leds fixées au niveau des buses de sortie changent de couleur en fonction de la quantité d'eau utilisée. Cela permet d'économiser jusqu'à 262 €/an.

On pense aussi à installer un mitigeur thermostatique, en trouvant instantanément la bonne température, on économise 15 % de l'eau d'une douche.

### Les WC, cela consomme beaucoup

Une chasse d'eau avale un tiers de notre consommation quotidienne d'eau potable. À défaut d'être équipé d'un système à double vidange, toutes les astuces (bouteille d'eau, objet lourd) sont bonnes pour réduire le volume de remplissage à chaque utilisation et économiser ainsi 3 000 l d'eau par an.

Pour réduire le débit des chasses d'eau (36 l), nos grands-mères plaçaient une brique dans les réservoirs. Plus performantes, les Eco-plaquettes permettent d'économiser jusqu'à 40 % tout en conservant la qualité d'évacuation.

Coût: 15,90 €. Gain: 11 l/j soit 12 €/an.

### Surveiller l'étanchéité des joints

Pour savoir si la bonde de la baignoire ou de l'évier fuit, si un joint est usé, etc., on glisse une feuille d'essuie-tout en dessous et on regarde le résultat quelques heures plus tard. Le papier est mouillé? Il est temps de changer les joints.

ASTUCE

## Nickel, les joints

Pour redonner toute leur blancheur à ses joints de baignoire, d'évier, etc., on les frotte avec une brosse à dents souple usagée qu'on trempe régulièrement dans un mélange de vinaigre blanc (1 tasse à café) et de bicarbonate (2 tasses). Si les joints sont très encrassés, on les enduit avec une pâte de bicarbonate (2 cuillères à café de bicarbonate pour 5 cl d'eau). On laisse agir une à deux heures, puis on rince à l'eau claire.

# CHASSER LE GASPILLAGE DANS LA CUISINE

Cœur de la maison, lieu de vie où l'on aime se retrouver en famille ou entre amis, avec sa panoplie d'électroménager, petit ou gros, la cuisine est aussi une des pièces les plus énergivores. Imaginez, selon l'ADEME (Agence De l'Environnement et de la Maîtrise de l'Énergie), la cuisine absorbe plus de 26 % de la consommation annuelle d'électricité de nos maisons. Heureusement, on peut aisément faire des économies en quelques gestes simples et rapides.

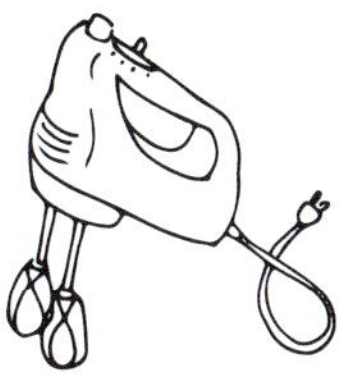

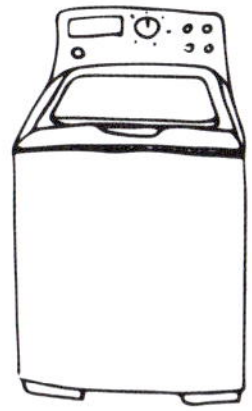

## La clef: les équipements

Devenus éco-responsables sans vouloir pour autant renoncer à notre bien-être, aujourd'hui, nous voulons des appareils respectueux de l'environnement et le moins énergivores possible. Pour se plier à nos desiderata, les fabricants ne cessent de développer des technologies afin d'obtenir des appareils moins gourmands en électricité et en eau... Oui, mais, voilà, de notre côté, nous ne cessons de multiplier les appareils dans nos cuisines. De la cafetière programmable à l'extracteur de jus, on les veut tous. D'ailleurs, selon le GIFAM (Groupement Interprofessionnel des Fabricants d'Appareils d'équipement Ménager), nous sommes désormais équipés de 7,2 gros appareils ménagers et de 16,6 petits appareils! Résultat, alors que les fabricants ont réduit la consommation énergétique sur l'ensemble de leurs appareils électroménagers de plus de 44 % en 20 ans, dans les foyers, celle-ci a augmenté de 85 % par $m^2$. Le réfrigérateur-congélateur illustre parfaitement ce paradoxe. En 10 ans, il est devenu 60 % moins énergivore mais consomme toujours à lui seul 32 % de l'énergie d'un ménage contre 7 % pour un lave-linge et 12 % pour les appareils audiovisuels.

## Calculer le coût à long terme

Réfrigérateur et congélateur sont les pièces maîtresses de la cuisine mais, comme ils fonctionnent 24 h sur 24, ce sont aussi les plus énergivores. Alors, avant un achat, si on veut réaliser des économies, l'idéal est de se projeter dans l'avenir et de calculer son prix de revient à l'usage car il peut varier du simple au quintuple. Évidemment, l'idéal est d'investir dans des appareils de qualité A + à A+++ car ils consomment 45 % d'énergie en moins qu'un classe A. Rien que pour un réfrigérateur par exemple, la facture s'en trouvera allégée de plus de 25 €/ an soit plus de 375 € sur la durée de vie de l'appareil. Si on ajoute tous les équipements de la cuisine, cela vaut la peine de se pencher sur cette fameuse étiquette et de faire quelques calculs.
Vous hésitez ? Pour décider, on s'aide de l'application gratuite pour Smartphone Eco-Gator. On photographie l'étiquette énergie de l'appareil concerné et, illico, elle calcule son coût d'utilisation moyen sur un an ou sur toute sa vie, tant sur le plan énergétique que sur le plan financier. On pourra ainsi comparer plusieurs appareils.

• **Pour choisir, on regarde aussi le Topten,** un comparateur d'achat qui sélectionne les produits les moins nuisibles pour l'environnement, les plus économes en énergie, les plus faciles à utiliser et qui affichent un bon rapport qualité/prix. Il prend en compte le coût total d'un appareil sur l'ensemble de sa durée de vie, son indice énergétique, sa consommation d'eau, etc. Le Topten, établi par le WWF-France et l'association de consommateurs CLCV est un outil fiable (www.guidetopten.fr).

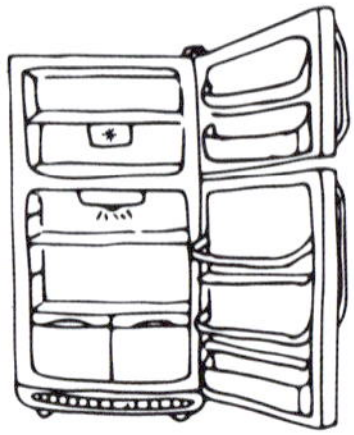

## Les appareils venus du froid

Quel que soit son budget pour choisir le bon réfrigérateur, congélateur ou combiné, celui qui sera le plus adapté à ses besoins, on tient compte du climat de sa région et de l'emplacement où on l'installera. Si la température ambiante dépasse la valeur supérieure de la classe climatique, les appareils vont surconsommer, mais si elle passe en dessous de la valeur inférieure (dans une cave ou autre local non chauffé), ils peuvent s'arrêter. Concrètement, si on installe un congélateur dans une pièce où il fait toujours 25°, il devra pousser son moteur pour se maintenir à bonne température.

Gare aussi à ne pas le placer près d'une source de chaleur. Là encore, si on le place près d'un radiateur, d'un four ou même près d'une fenêtre très ensoleillée, le ressenti de chaud perçu par l'appareil de froid l'incitera à augmenter sa production de froid et il consommera plus que nécessaire.

Pour éviter toute surchauffe inutile, on veille aussi à laisser l'air bien circuler autour. On prévoit un espace d'au moins 10 cm derrière et au-dessus de l'appareil et on n'obstrue pas les grilles d'aération.

On adapte la taille de ses réfrigérateur et congélateur à ses besoins. Inutile d'acheter un 300 litres si on est 2. D'autant que rempli ou vide, la consommation énergétique d'un réfrigérateur ne diminue pas pour autant. En principe, on compte une base de 100 à 150 litres en volume utile (à savoir le volume contenu à l'intérieur) et on ajoute 50 litres pour chaque personne supplémentaire. Pour une famille de 4, on optera donc pour un 250 à 300 l.

### Les entretenir avec soin

On pense à nettoyer régulièrement les grilles d'aération de son réfrigérateur avec un chiffon légèrement humide. La poussière et la saleté qui s'accumulent dessus provoquent une hausse de plus de 30 % en électricité.

Les joints du réfrigérateur, du congélateur ou du four adhèrent mal ? Là encore, c'est source de déperdition de chaleur. Plus de 10 % pour un réfrigérateur, 30 % pour un four. Pour leur redonner de l'adhérence, on les nettoie en insistant dans les angles avec une éponge humide imprégnée de savon noir. On rince, on sèche puis on passe un peu de bicarbonate de soude dessus.

Pour redonner du gonflant à un joint de porte affaissé, on souffle de l'air dedans (il est toujours ouvert d'un côté) puis on le ferme avec un petit morceau de coton.

Si une couche de givre a tendance à se former sur le joint de fermeture de la porte du congélateur, lors du dégivrage, on saupoudre de sel fin le tour de porte.

ASTUCE

## Vérifier l'étanchéité des joints

Pour vérifier l'étanchéité des joints d'un congélateur ou d'un réfrigérateur, on glisse une demi-feuille de papier entre l'appareil et la porte avant de la fermer. Maintenant on tire la feuille. Si elle n'offre aucune résistance, c'est que le joint n'est pas bon. On recommence en plusieurs endroits.

Pour éviter que les joints ne se dessèchent, on passe un peu de talc dessus.

Côté intérieur, là encore, on jongle pour offrir aux aliments les meilleurs rangements. Ce sera plus agréable pour les yeux mais cela sera aussi une source d'économies. C'est tout bête, mais si votre réfrigérateur est trop rempli, l'air entre les produits circulera mal et cela l'obligera à produire plus d'air froid. De même, si on le laisse quasi vide, excepté s'il est doté d'un mode « vacances », pour se maintenir à température, il doit augmenter sa production de froid, alors, pour le tromper, on comble l'espace vide avec des bouteilles d'eau tout en laissant l'air circuler.

On liste sur la porte les aliments manquants pour éviter de l'ouvrir pour rien. À chaque fois qu'on l'ouvre, il aspire une grande quantité d'air et doit, là encore, déclencher son compresseur pour se remettre à température ! Un cercle vicieux. Surtout quand on sait que chaque membre d'une famille ouvre la porte plus de 15 fois par jour, ce qui représente une augmentation de 17 % d'électricité !

On pense aussi à dégivrer ses appareils dès que la couche de givre dépasse les 2 à 3 mm d'épaisseur. Pour info, les appareils en froid ventilé n'ont pas besoin d'être dégivrés, mais ils sont jusqu'à 30 % plus gourmands en énergie.

### Programmer la juste température

Entre 4 et 5 ° pour le réfrigérateur et -18 ° pour le congélateur sont des températures parfaites pour conserver les aliments sans excès d'électricité. Car, chaque degré en plus pour le réfrigérateur et de moins pour le congélateur, c'est 5 % d'énergie consommée en plus !

Si son réfrigérateur n'est pas équipé d'un thermostat automatique, on place un thermomètre dans un verre d'eau pendant 24 h pour obtenir la température.

Et le congélateur ? Il est comme son grand frère le réfrigérateur. Il déteste le vide. Il stabilise mieux sa température lorsqu'il est plein aux trois quarts. Alors, lui aussi, on le remplit avec des bouteilles d'eau.

## LES ROIS DU LAVAGE

Lave-linge et lave-vaisselle sont les incontournables de la cuisine. Reste à savoir comment réduire leur impact financier au quotidien. Évidemment, on peut décider de réduire le nombre de machines que l'on fait tourner quotidiennement, mais ce n'est pas la meilleure des solutions. L'idéal est d'apprendre quelques gestes.

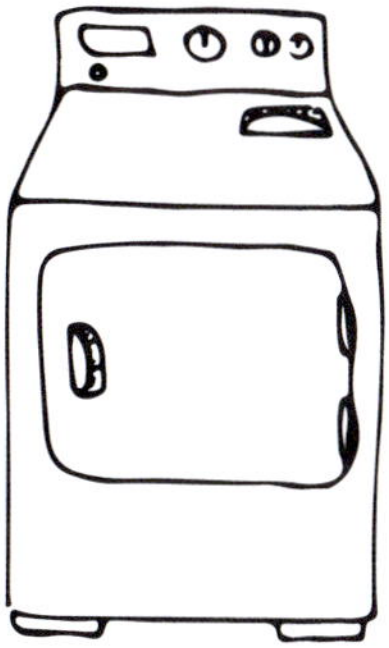

## Le lave-linge : gare à l'eau

Une famille effectue en moyenne 220 lessives par an, ce qui représente une consommation d'environ 26 litres de lessive liquide ou 40 kg de lessive en poudre, 13 000 litres d'eau et 230 kWh d'électricité ! C'est le troisième poste de dépense sur la facture globale d'un foyer.

En 20 ans, la consommation électrique a été réduite de 44 %, celle d'eau de 62 % (48 litres contre 148). Alors, pour économiser encore plus au quotidien, on ruse.

Plus la résistance d'un lave-linge est entartrée, plus il devra monter en chaleur pour chauffer l'eau et plus il consommera de l'électricité. Alors, pour ralentir le processus, à chaque lavage, on peut ajouter soit une cuillère à soupe de bicarbonate de soude dans le bac à poudre, soit une cuillère à soupe de vinaigre blanc dans celui de rinçage. La machine est déjà entartrée ? On verse un demi-litre de vinaigre blanc dans le tambour et on fait tourner un cycle court à 30 °C.

Côté lavage, sauf si les vêtements sont très sales, on adopte le lavage à basse température (30 °), jusqu'à 50 % moins gourmand en électricité. Autre avantage, cela réduira le nombre de lessives puisque on n'aura plus besoin de trier coton et synthétique.

On adopte les balles de lavage. Elles permettent de réduire la quantité de lessive d'au moins 20 %, d'oublier les adoucissants et de réduire la quantité d'eau. Le principe ? Ces balles en caoutchouc naturel utilisent la rotation du tambour de la machine pour détasser et bouger le linge, le poussant ainsi à passer et repasser dans l'eau, au lavage comme au rinçage. En fait, elles battent et brassent le linge à la manière des lavandières autrefois. Résultat, le linge est mieux lavé, mieux rincé et plus souple… Il se repassera plus facilement et plus rapidement et on économisera encore quelques euros de repassage.

## Et le sèche-linge ?

Là encore, pour accélérer le séchage, on ajoute une petite serviette éponge sèche et une balle de tennis dans le tambour. La serviette absorbera l'humidité et la balle de tennis permettra à l'air de mieux circuler entre les vêtements.

### Je m'en vais au jardin

En toutes saisons, l'arrosage est un poste de dépenses important. Alors, on oublie les arrosoirs et place au goutte-à-goutte. De petites buses réglables installées au pied des plantes, toutes reliées les unes aux autres par un fin tuyau et le tour est joué. Un système facile à installer qui évite toute déperdition d'eau. On branche une cuve de récupération d'eau de pluie et les économies seront totales.

Placer une cuve sous votre gouttière pour récupérer l'eau de pluie permet d'arroser les plantes.

## LES STARS DE LA CUISSON

Éteindre sa plaque ou le four quelques minutes avant la fin de la cuisson, préférer l'induction à la vitrocéramique car elle n'a ni temps de chauffe ni temps de refroidissement et se révèle donc moins gourmande en énergie, opter pour un minifour car il se préchauffe rapidement et consomme moins, débrancher tous les appareils inutilisés... si ces conseils sont des incontournables, on essaye aussi d'adopter des gestes auxquels on pense moins et qui sont pourtant sources de grandes économies.

Si on a le temps, on décongèle ses aliments au réfrigérateur, on économisera ainsi jusqu'à 30 € par an. De même, mieux vaut utiliser le micro-ondes plutôt que le four pour réchauffer les aliments. Le micro-ondes est rapide et consomme moins qu'un four électrique, d'après l'ADEME, pour moins de 50 kWh/an en moyenne pour un four micro-ondes, la consommation d'un four s'élève à 300 kWh/an.

On utilise les minuteries pour gérer les cuissons. Une fois que l'eau bout, on peut baisser le thermostat jusqu'à ce qu'elle frémisse. De cette façon, elle reste à la bonne température tout en consommant moins d'énergie : cuire à gros bouillons dépense plus. De même, mettre un couvercle pour porter l'eau à ébullition divise par 4 l'énergie nécessaire.

### La bouilloire : l'alliée des économies

• Dans une cuisine, côté économies, la bouilloire est une alliée de choc. Plus rapide et moins gourmande en énergie qu'une plaque

de cuisson, elle est pratique pour porter de l'eau à ébullition. Alors, on en use et on en abuse pour faire chauffer l'eau des pâtes, pour arroser le riz, etc. Mais, pour réellement profiter de ses bienfaits, on la détartre régulièrement, car sinon tous les euros économisés s'envoleront. En effet, si on laisse le tartre se déposer sur le serpentin (le fond), la bouilloire aura besoin de plus d'électricité pour réussir à chauffer l'eau. Pour éviter qu'elle ne se remplisse de calcaire, on y glisse à l'intérieur une coquille d'huître lavée et brossée. Le calcaire se fixera sur l'huître et non plus sur les parois de la bouilloire.

• Pour gagner encore quelques euros, on veille à faire chauffer la bonne quantité d'eau, celle dont on a vraiment besoin. Pourquoi faire bouillir trois litres d'eau pour deux mugs de thé ?
• On investit dans une bouilloire munie d'un thermostat réglable. En adaptant la température, on consommera moins d'électricité.
• Si on est un grand buveur de thé ou d'infusion, on adopte une bouilloire isotherme

ASTUCE

## Détartrer le petit électroménager

Théière, cafetière, bouilloire... Le vinaigre blanc est la star du détartrage. Mais attention, il ne faut jamais l'utiliser pur car avec la chaleur, il devient un puissant acide.

Pour une bouilloire ou une théière : on les remplit avec 5 volumes d'eau pour 2 de vinaigre. On porte à ébullition, on éteint et on laisse agir au moins 20 min. Il reste des traces ? On refait légèrement bouillir, on laisse agir 10 min avant de rincer. On effectue, là aussi, au moins 2 rinçages avant d'entreprendre de consommer l'eau.

Pour une cafetière : on verse 1 volume de vinaigre et 5 d'eau dans le réservoir à eau. On met l'appareil en marche. On laisse couler le mélange à moitié. On arrête et on laisse le produit agir pendant au moins un quart d'heure. On rallume afin de laisser le réservoir se vider. On attend au moins un quart d'heure avant d'entreprendre le rinçage. On effectue deux rinçages à l'eau claire avant de refaire un café.

## Le saviez-vous ?

***Une étiquette énergie revue et corrigée***

***Instaurée en 1944, l'étiquette énergie a pour objectif d'indiquer de manière simple la consommation en eau, en électricité, etc., d'une machine à laver, d'une télé, d'un réfrigérateur, etc. Seulement, au fur et à mesure des années et des progrès technologiques, il a fallu ajuster les catégories... Par exemple, les lave-linge sont devenus de plus en plus économes en eau, de plus en plus performants en essorage, de moins en moins bruyants, alors, pour les caractériser, dès 2010, on a ajouté des classes A+, A++, etc. Plus encore, l'obligation faite aux fabricants de supprimer du marché les produits les plus énergivores a fait que sur certains équipements, les produits des catégories B à G ont disparu ! Résultat, on se retrouve face à des rayons de produits étiquetés A alors que tous sont loin d'offrir les mêmes qualités énergétiques. Pour mettre un terme à ce désordre, le Parlement européen a donc décidé de supprimer tous les + et de revenir à un étiquetage de A à G et, ce, pour toutes les catégories d'appareils électroménagers. Depuis mars 2021, les 7 classes énergétiques vont à nouveau de A à G. Un bon point pour nos porte-monnaie puisque la Commission européenne estime que cette nouvelle échelle énergie devrait permettre une économie pouvant monter jusqu'à 500 € par an et par foyer.***

qui gardera l'eau chaude pendant plusieurs heures sans qu'on ait besoin de relancer une ébullition. Un petit investissement pour de réelles économies.

- On pense aussi à l'éteindre dès les premiers frémissements d'ébullition.

### Et si on luttait contre l'obsolescence programmée

L'obsolescence programmée est la bête noire des écologistes mais aussi de nos porte-monnaie. Pour assurer le turnover des ventes, des marques de fabricants font en sorte que la durée de vie de leur matériel soit limitée dans le temps. Résultat, chaque année, on met au rebut plus 1,8 million de lave-linge, 1,3 million de téléviseurs, 1 million de réfrigérateurs et 600 000 lave-vaisselle. Alors avant de jeter ses appareils récalcitrants, on regarde s'ils ne sont pas réparables. Pourquoi dépenser 200 € pour racheter un appareil quand il suffit parfois d'un peu d'huile de coude ou de quelques euros pour le rendre comme neuf.

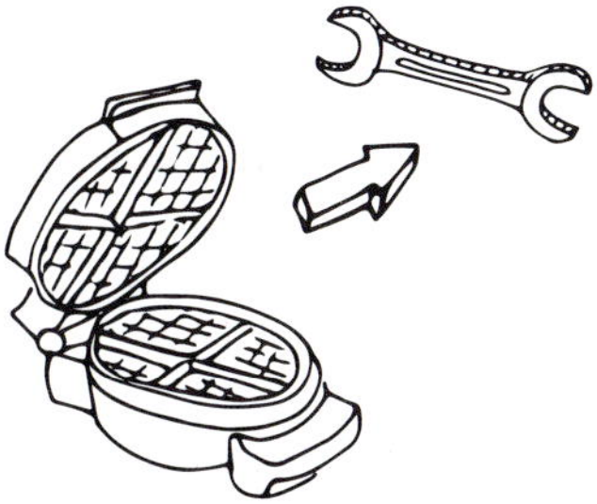

Vos appareils électroniques n'en font qu'à leur tête? Impossible de faire fonctionner les boutons de la plaque à induction, ceux du four ne s'affichent plus? Une simple réinitialisation du système électronique suffit souvent à leur rendre toutes leurs capacités. Comment? En les laissant simplement débranchés toute une nuit.

Retourner et secouer le grille-pain pour le débarrasser de toutes ses miettes se révèle un moyen très efficace pour débloquer les boutons!

Souvent négligé, un détartrage au vinaigre blanc redonne toute sa puissance à une machine à café ou à un lave-vaisselle.

Sur la toile, de nombreux sites (www.ifixit.com, www.commentreparer.com, www.choixresponsable.fr) expliquent, gratuitement, tutos à l'appui, comment faire et où acheter les pièces à moindre prix. On peut aussi expliquer son problème et on attend que les conseils tombent gratuitement.

Vous préférez vous faire aider? Direction un « Repair café ». Meubles, appareils électriques, bicyclettes, vaisselle, objets utiles, jouets, et autres: dans ces lieux de rencontres, des bénévoles vous aident et vous apprennent à réparer vos objets du quotidien. C'est gratuit, très convivial et ça marche! Chaque année, plus de 250 000 objets sont réparés à travers les quelque 1200 Repair café existant à travers le monde.

- https://repaircafeparis.fr/

Pour réduire les budgets alimentation, vêtements et fournitures, on peut toujours opter pour les premiers prix, oublier les produits de marques, les petits plaisirs de la vie, mais, économiser au quotidien, ce n'est pas se priver de tout, c'est apprendre à adopter un comportement responsable. C'est nettement plus agréable.

5

# DES PETITS GESTES TRÈS ÉCONOMIQUES

## Faire des listes

Avant de faire ses courses, on jette souvent un regard dans les placards pour voir ce qu'il manque. Un regard qui permet de voir ce qu'il y a devant nos yeux mais pas au fond du placard. Résultat, on va, comme à chaque fois, acheter une sauce tomate de trop. Alors pour éviter de se retrouver avec une quinzième boîte de sauce tomate et toujours aucun kilo de sucre, on prend l'habitude de faire une liste. Cela évitera les dépenses inutiles.

On planifie les menus de la semaine pour acheter la juste dose.

## Ranger les placards

• On ordonne les placards par produits pour éviter de stocker 15 paquets de lentilles !

• Pour prolonger la durée de vie des sodas en évitant que le gaz ne s'échappe, on les range goulot en bas dans le réfrigérateur.

• Pour conserver un pain moelleux, on le place dans une boîte avec une moitié de pomme.

• Dans le réfrigérateur, on place devant les produits dont les dates limite de consommation sont les plus proches. On utilise les applis comme dans-mon-frigo.fr ou checkfood. Elles enregistrent les dates et avertissent quand elles s'approchent.

## Des courses réfléchies

On jette plus de 21 % des denrées achetées (source Ademe). Faire attention, c'est réaliser une économie jusqu'à 500 € par an.

• Pour éviter les achats impulsifs, on ne fait pas les courses le ventre vide ! Quand on a faim, on se laisse aller et on multiplie les achats superflus alors que la satiété incite à acheter davantage de produits essentiels.

• Dans les rayons frais, on attrape les paquets en fond de gondole. Plus la date limite de consommation est lointaine, plus le produit est rangé derrière ou sous la pile.

## Limiter les promotions

« 3 pour 2 », 20 % sur le second paquet, les promotions, c'est toujours intéressant, mais posez-vous la question : avez-vous vraiment besoin de stocker 6 boîtes de petits pois d'un kilo alors que vous n'en mangez que très rarement ? Pourquoi dépenser le prix de 3 boîtes pour en obtenir 6 alors qu'en réalité, vous n'en avez besoin que d'une ?

Méfiez-vous des promotions, c'est un piège. À vouloir trop profiter des bonnes affaires, on alourdit sa dépense finale. Alors, avant de se précipiter sur toutes les promos, on réfléchit à nos réels besoins.

## Jongler avec les dates de péremption

Les appellations Dates limites de consommation (DLC) sur les produits frais et Date limite d'utilisation (DLUO) – exprimée par la mention « à consommer de préférence avant le » – sur les produits secs sont des dates limite d'utilisation optimale officielles, des mesures de prévention pour éviter des risques d'infections d'origine alimentaire. Un commerçant ne peut plus les vendre, mais on peut encore les consommer. Un yaourt reste bon plusieurs semaines (on se fie à l'odeur et à la consistance). La DLC du jambon est demain ? On le congèle pour prolonger sa durée de vie. Lorsque la date sur les produits secs (huile, gâteaux, etc.) est dépassée, le produit perd quelques qualités nutritionnelles mais peut être consommé sans risque. Les gâteaux secs sont mous ? On les transforme en charlotte !

À l'approche des dates de péremption, de plus en plus de supermarchés proposent des produits à prix cassés pour éviter de les jeter le jour fatidique. Alors, sachant qu'un yaourt peut être consommé jusqu'à deux semaines après le dépassement de la date indiquée sur l'emballage, on en profite pour économiser quelques euros.

Des applis, optiMiam, toogoodtogo, zerogachis vous signalent les supermarchés, boulangeries, pâtisseries, restaurants, sandwicheries, traiteurs, supermarchés, qui proposent des offres spéciales à tarifs réduits pour éviter de jeter les articles proches des dates limite. De quoi économiser jusqu'à 60 % sur le tarif habituel.

## Faire ses courses en ligne

Pour ne pas être tenté au détour d'un rayon par les nouveautés, etc., on opte pour les commandes en ligne. C'est un excellent moyen pour éviter de succomber à la tentation. Plus sérieusement, cela permet aussi de connaître le montant de son chariot au fur et à mesure que l'on remplit son Caddie virtuel.

## Baisser les yeux

Dans les rayons, on pense à regarder en haut et en bas: c'est là que se trouvent les produits les moins chers car, marketing oblige, à la hauteur de nos mains et de nos yeux, on range habituellement les produits les plus chers...

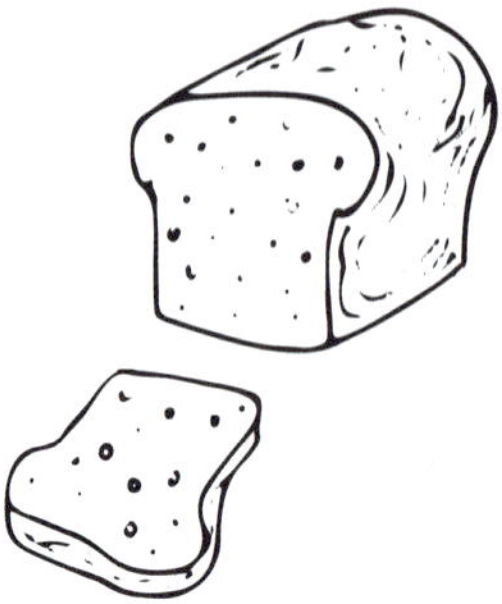

## Ne pas perdre une miette

Un foyer jette en moyenne entre 500 € et 600 € de denrées alimentaires par an. Alors, on retrouve les réflexes de nos grands-mères: on accommode les restes en papillotes, sorbets, compotes ou gratins. Le bouillon de pot-au-feu peut être congelé dans des bacs à glaçon après filtration, pour servir ensuite de « cube » de bouillon, utilisé en court-bouillon ou en soupe agrémentée de pâtes de type vermicelles, épaissi avec de la crème et de la farine de maïs et ainsi transformé en sauce, versé dans les plantes en tant qu'engrais (sauf le jus de chou, acide, et celui des pommes de terre à cause de l'amidon). Les fruits trop mûrs peuvent être transformés en purée de fruits.

### Des livraisons anti-gaspi !

ASTUCE

Terminées les boîtes de quinoa, de thon ou de sucre qui encombrent les placards de la cuisine, faute de trouver des amateurs pour les déguster. On peut les donner à des associations caritatives sans bouger de chez soi! L'astuce? Faire ses courses chez Monoprix, en magasin ou en ligne, se faire livrer et donner en retour au livreur tous les produits dont on ne veut plus. Même des fruits et légumes, à condition que rien ne soit entamé, abîmé et, bien sûr, périmé. L'enseigne se charge ensuite de les redistribuer aux 300 associations avec lesquelles elle travaille depuis plus de 25 ans. Plus encore, ce nouveau service « Shop&Give » se double d'un service recyclage. En clair, on peut aussi donner au livreur ses piles et lampes usagées. Un service gratuit puisque la livraison est offerte dès 50 € d'achat aux porteurs de la carte de fidélité. www.monoprix.fr

Le pain rassis est utilisable en pain perdu : le pain est trempé dans un mélange d'œuf et de lait puis cuit à la poêle. En chapelure : mixé finement au robot et stocké, il peut servir sur un gratin, dans des farces, des boulettes, des terrines... En croûtons, pour accommoder une salade ou une soupe.

Une fois par semaine, on prépare le cake aux restes du réfrigérateur. On prépare la pâte et on y ajoute tomates, jambon, fromage...

On fait des chips avec les épluchures de pommes et de pommes de terre. Une fois lavées et séchées, on les plonge dans l'huile bouillante 20 min. On les fait sécher sur du papier absorbant et on sale.

On use et abuse du congélateur pour conserver les restes mais par petites quantités, plus faciles à utiliser.

### Le vrac a la cote

Pâtes, riz, légumes secs, fruits secs, céréales, confiserie, café, biscuits ou encore produits d'entretien... Idéal pour éviter le gaspillage et les emballages inutiles, en plus des supermarchés (Leclerc, Super U) et magasins bio (Bio c'Bon, dayby-day-shop.com, https://mescoursesenvrac.com, etc.) qui leur consacrent des rayons entiers, on trouve désormais des supermarchés entièrement dédiés à ce système.

Implantés dans toute la France, les magasins « DaybyDay » (http://daybyday-shop.com/magasin) et certaines Biocoop proposent d'acheter l'essentiel des produits quotidiens, sans emballage et en quantité à la demande. D'autres comme JeanBouteille (www.jeanbouteille.fr) se sont spécialisés dans les liquides (vins, huiles, vinaigre) avec un système de bouteilles consignées. Un pari gagnant pour le consommateur qui, tout en réduisant ses emballages, voit fondre son ticket de caisse en réalisant 5 à 50 % d'économie selon les produits.

Pour localiser les magasins de vente en vrac, on peut utiliser l'appli gratuite Consovrac.

### Les incontournables du quotidien

Pour économiser 10, 20, 30 cts sur des produits du quotidien, on imprime les coupons de réductions proposés par les marques, http://malistedecourses.net

Autre système de plus en plus répandu : le cashback. Le principe : à chaque achat effectué via son intermédiaire, le site de cashback vous reverse un pourcentage de la somme payée (4 à 6 %).

Ainsi, une paire de chaussures achetée directement sur les 3suisses.fr vous coûtera 20 €. Via un site de cashback, elle vous coûte toujours 20 € mais, ensuite, le site de cashback vous rétrocède 5 à 6 % de cette somme.

Sinon les ventes privées (jusqu'à 70 % de réduction), le déstockage des produits électroménagers déclassés (15 à 60 % sur le prix initial), les produits high-tech reconditionnés (20 à 50 %) sont toujours d'excellents moyens de faire de bonnes affaires.

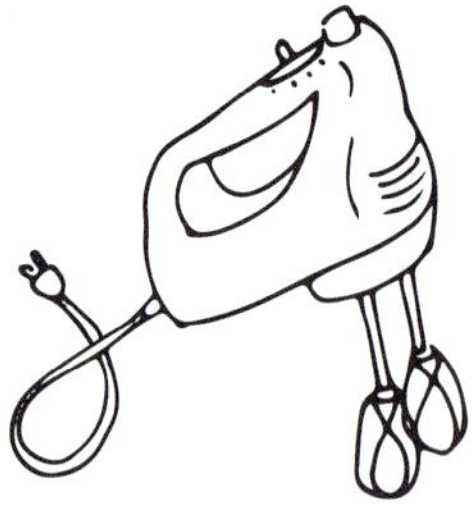

### Louer ses affaires

Aujourd'hui, tout se loue ! Son escabeau, sa perceuse ou même ses chaises !

Le principe : on fixe le prix, la durée et la disponibilité des produits. Si l'inscription est gratuite, le site prélève bien souvent une commission de l'ordre de 20 à 30 % du prix de la transaction. On peut demander une caution au locataire au cas où il abîmerait l'objet. PlaceDeLaLoc, jelouetout, zilok.com

### Devenir testeur

Produits de beauté, pour bébé, pour la maison, les marques s'appuient sur les internautes pour faire tester leurs nouveaux produits. En échange, selon, on s'engage à remplir un questionnaire, à poster une photo sur les réseaux sociaux, etc., dans des délais impartis. Pour être sélectionné, il faut pour chaque produit proposé remplir son profil (âge, goûts, etc.), puis on s'inscrit aux diverses opérations. Si on est retenu, on reçoit le produit.

À savoir: les offres sont limitées à une par foyer, il est impossible d'effectuer deux tests simultanément, mais on peut s'inscrire à toutes les offres.

- sampleo.com, testsdeproduits.fr, theinsidersnet.com, www.e-bonsplans.fr
- Autre solution: se faire rembourser le produit acheté (Shopmium, application pour Smartphone).

### Expédier des objets

Où: en optant pour le covoiturage de colis! Du plus petit objet au plus volumineux, des automobilistes les transportent pour vous moyennant un dédommagement de 10 à 70 € selon poids et taille de l'objet. Sur les sites (riches de plus de 42 000 annonces), les chauffeurs indiquent la place dont ils disposent (véhicule utilitaire, simple coffre…) et la date à laquelle ils effectuent le trajet.

Notre avis: la confiance est de rigueur car en cas de souci, on ne peut pas se retourner contre le transporteur.
cocolis.fr

### Place au troc

En troquant ses bocaux via « Bocal en troc » (vos confitures contre des haricots par exemple), en échangeant les vêtements de marque qui ne vous plaisent plus pour de nouveaux de même valeur sur Troc vestiaire ou en se rendant chez les compagnons d'Emmaüs qui récupèrent, remettent en état (électroménager, meubles) et revendent en leurs locaux. Véritable caverne d'Ali Baba, chez Emmaüs, on trouve des vêtements de marque à 5 € et des livres neufs à 1 €!
www.leparfait.fr, www.emmaus-france.org

### Opter pour les tirages au sort

Pour faire connaître leurs produits et créer le buzz, les marques distribuent aussi des échantillons sans rien demander en retour. La demande étant toujours plus forte que l'offre, souvent, elles imposent un tirage au sort avec obligation de répondre à 2 ou 3 questions pour y participer. Pour le site et pour la marque, c'est un moyen de récupérer des adresses, des infos sur de potentiels clients, d'envoyer des cookies. Rien n'est jamais totalement gratuit!
On s'inscrit sur un site qui regroupe toutes les opérations en cours et qui, le plus souvent, donne les réponses aux questions.
mesechantillonsgratuits.fr, luniversdugratuit.com, beaute-test.com

## Remerciements

Merci à tous les internautes pour leurs astuces, leurs idées et leurs bons plans.

Merci à Isabelle Misery, première lectrice et précieuse correctrice.

Merci à ma petite famille qui m'incite à être une pro dans la recherche de bons plans pour que nous réalisions nos envies et nos rêves. Et ça marche.

Merci à Sylvie FF, relectrice de choc qui n'économise pas ses conseils.

Direction d'édition : Thierry Lamarre - Édition : Adeline Lobut - Textes : Isabelle Louet
Correction-révision : Isabelle Misery - Conception graphique, couverture et mise en pages : Either Studio
Éditions Massin - Publiées par Société d'Information et de Créations - SIC
Une société de Marie Claire Album 10, bd des Frères-Voisin 92792 Issy-les-Moulineaux CEDEX 9 – France
Tél. 01 41 46 88 88 - RCS Nanterre 302 114 509 - SARL au capital de 822 000 euros


ISBN : 978-2-7072-1247-4 - N° Éditeur : 38369
Imprimé par Elcograf S.p.A., Vérone, Italie
Dépôt légal : août 2021

www.sotrendoo.com